Pit Budde · Josephine Kronfli

KARNEVAL DER KULTUREN

Lateinamerika in Spielen, Liedern,
Tänzen und Festen für Kinder

Illustrationen von Kerstin Heinlein

Ökotopia Verlag, Münster

IMPRESSUM

AutorInnen:	Pit Budde
	Josephine Kronfli
Illustrationen:	Kerstin Heinlein
Lektorat:	Martina Kroth
Satz:	Druckwerkstatt Hafen GmbH, Münster
Notensatz:	Ja. Ro. – Music, Taunusstein
ISBN:	3-931902-79-X

Alle Lieder dieses Buches
gibt es auf der CD von Pit Budde & Karibuni:
Karneval der Kulturen
Lateinamerikanische Lieder, Tänze
und Geschichten für Kinder
ISBN: 3-931902-78-1

INHALTSVERZEICHNIS

VORWORT

„Unsere Vorfahren haben uns gelehrt die Natur in allen ihren Formen zu achten:
das Wasser, das Land, die Berge, die Täler, den Wind, die Menschen.
Ihre Botschaft an uns lautet: Alle existierenden Dinge fühlen,
sprechen, haben eine Seele und Götter, genau wie wir Menschen.
Alle sind miteinander verwandt."

Manuel Rios Morales, Zapotec-Indianer aus Mexiko

Lateinamerika ist für die meisten Menschen in Europa ein Kontinent der Widersprüche. Auf der einen Seite bewundern wir die Lebensfreude, die Schönheit und das ausgelassene Feiern der Menschen, ihre wunderbare Musik und ihre einzigartigen Tänze. Auf der anderen Seite sind wir schockiert von immer neuen Schreckensmeldungen über die Gräueltaten der vergangenen Diktaturen, über extreme soziale Ungerechtigkeit, politische Gewalt und ausufernde Kriminalität. Denken wir an lateinamerikanische Kinder, so finden wir eine erschreckende Kluft zwischen Arm und Reich, zwischen Kindern, die in unglaublichem Luxus aufwachsen, und anderen, die auf der Straße leben, in Bergwerken arbeiten, auf Plantagen Akkordarbeit leisten oder sich prostituieren müssen, um zu überleben.

Von einem ganz besonderen Interesse sind für viele Menschen die Regenwälder Amazoniens, die grüne Lunge der Welt. Sie sind unschätzbar im Wert für das weltweite Klima, gleichzeitig unvorstellbar wertvoll für Holzkonzerne und die Pharmaindustrie, die sich an den scheinbar unendlichen Genressourcen der Regenwaldpflanzen und -tiere bereichern will. Die Ureinwohner haben wenig vom Reichtum, der sie umgibt. Sie leben am Rand der westlichen Zivilisation, die ihre traditionellen Lebensräume gleichzeitig bewundert und zerstört.

In Deutschland leben viele Menschen aus Lateinamerika. Seit den 70er Jahren kamen sie als Flüchtlinge vor den Diktaturen, als StudentInnen und auch als KünstlerInnen nach Europa. Sie verkörpern in ihrer Musik, in ihren Festen und Tänzen oftmals jene Leichtigkeit, die uns so sehr an Lateinamerika fasziniert.

Mit diesem Buch und der dazugehörigen CD möchten wir allen Kindern, Eltern und ErzieherInnen einen Teil der Leichtigkeit und Lebensfreude der Menschen Lateinamerikas vermitteln. Es sind Lieder, Spiele, Tänze und Feste beschrieben, die ihren Platz in einer bunten Vielfalt der Kindergärten, Schulen und Familien in Deutschland finden sollten. Wir haben in diesem Buch bewusst auf die Länder der Karibik verzichtet und uns auf die spanisch und portugiesisch sprechenden Länder Lateinamerikas konzentriert. Selbst dieser Kulturraum ist so riesig und so unterschiedlich in seinen kulturellen Formen, dass die Auswahl der Themen keinerlei Anspruch auf Vollständigkeit erhebt. Viele Lieder, Tänze und Spiele fanden ihren Weg in dieses Buch eher zufällig, auf Grund von persönlichen Kontakten und durch die selektive Erinnerung unserer lateinamerikanischen Freunde an ihre eigene Kindheit.

Ganz herzlich danken möchten wir unseren Freunden aus Lateinamerika, ohne deren Unterstützung dieses Projekt nicht möglich gewesen wäre: Isabel Lipthay, Ximena Ramirez, Marcos Suarez, Jorge Hidalgo, Rolando Daza, Diego Fereira, Eduardo Dias, Eduardo Morales de Carvalho und Requeijao.

DIE ERSTEN AMERIKANER

Bevor die Menschen kamen

Nord- und Südamerika waren die letzten Kontinente, die die Menschen auf ihrer langen Wanderung in alle Teile der Welt besiedelten. Schon lange vorher waren die beiden Amerikas die Heimat verschiedenster Tier- und Pflanzenarten, die sich den extrem unterschiedlichen Lebensräumen des Doppelkontinents angepasst hatten. Im kühlen Norden lebten viele Tiere, die ebenfalls im nördlichen Eurasien vorkamen, wie Bären, Wölfe, Mammuts, Moschusochsen und Bisons. Doch schon im Süden Nordamerikas und in Mittelamerika unterschied sich die Tier- und Pflanzenwelt der Wüsten, Regenwälder, Steppen und Gebirge dramatisch von der europäischen Flora und Fauna.

Hinter dem zentralamerikanischen Korridor öffnete sich Südamerika mit dem grünen Amazonasbecken, dem Hochgebirge der Anden, die den Kontinent im Westen beherrschen, dem brasilianischen Hoch-land und dem Steppengebiet der Pampas bis hin zur rauen Küste von Feuerland, dem äußersten Süden Amerikas.

In diesen unterschiedlichen Landschaften entwickelte sich eine einzigartige Tierwelt: Da waren die Großkatzen Jaguar und Puma, dazu Ozelot, Gürteltier, Vicuña, Faultier und Pecarie, farbenprächtige Vögel wie Kolibri und Quetzal sowie mächtige Jäger der Lüfte wie die Harpye und – nicht zuletzt – der Herrscher der Anden, der gigantische Kondor. Viele dieser Arten spielten später eine große Rolle in der Religion und im Alltag der einwandernden Menschen.

Von Alaska bis Feuerland

„Im Licht seines eigenen Herzens richtete sich der Erste Vater in der
Dunkelheit auf und erschuf die Flammen und den zarten Nebel.
Dann schuf er die Liebe. Doch da war niemand, dem er sie schenken konnte.
Dann schuf er die Sprache. Doch da war niemand, der ihm zuhörte.
Da befahl er den Göttern, die Welt zu erbauen und für Feuer, dichten Nebel,
Regen und Wind zu sorgen. Dazu gab er ihnen eine Melodie und die Worte
für ein heiliges Lied, um damit Frauen und Männer zum Leben zu erwecken.
So wurde die Liebe zum Bund, die Sprache gewann das Leben und der
Erste Vater wurde aus seiner Einsamkeit erlöst. Auch heute noch
begleitet er die Männer und Frauen, wenn sie wandern und singen:
„Wir setzen den Fuß auf diese Erde,
wir setzen den Fuß auf diese schimmernde Erde."

Mythe der Guarani aus Paraguay

Es gibt keine eindeutigen Beweise für den genauen Zeitpunkt, an dem die ersten Menschen auf ihrer Wanderung von Sibirien über Alaska bis nach Feuerland das heutige Lateinamerika erreichten. Archäologische Funde belegen die Anwesenheit von Menschen vor ca. 20.000 Jahren in Süd-Mexiko und in den Anden. Vor 9000 Jahren hatten die ersten Neuankömmlinge wahrscheinlich Feuerland erreicht und damit den gesamten Doppelkontinent durchschritten. Die 125 ursprünglichen Sprachfamilien Amerikas deuten darauf hin, dass es Menschen aus unterschiedlichen Völkern waren, die schubweise den Kontinent besiedelten.

Mehrere tausend Jahre lang zogen kleine Familienverbände als Jäger und Sammler durch das Land. Sie lebten in Höhlen und besaßen einfache Waffen und Werkzeuge. Vor ca. 8000 Jahren begannen die Menschen damit, Kulturpflanzen anzubauen. Die wichtigsten Nutzpflanzen wurden Kürbis, Mais, Kartoffeln, Bohnen und Chili. Das ermöglichte im zweiten Jahrtausend v. Chr. die ersten Siedlungen sesshafter Ackerbauern. In der Folge gelang auch der Anbau von Baumwolle und Erdnüssen. Die Siedler domestizierten Hund, Truthahn, Ente, Lama, Meerschweinchen und Alpaka.

Um das Jahr 1500 v. Chr. waren der Ackerbau und die Anbaumethoden so weit fortgeschritten, dass die Menschen mehr Lebensmittel produzierten, als sie selbst benötigten – eine Voraussetzung für das Entstehen der ersten Hochkulturen in Zentralamerika und den nördlichen Anden.

Geheimnisvolles Volk – die Maya

Vor 3000 Jahren begann das Volk der Maya die Felder zu bestellen und sesshaft zu werden. Tausend Jahre danach erbauten sie ihre ersten Tempel. Später war ihr Siedlungsgebiet in Mittelamerika mit blühenden Stadtstaaten übersät.

Die Maya besaßen als einziges Volk im alten Amerika eine vollständige Schrift. Die Schriftzeichen standen für Silben, mit denen jedes gesprochene Wort genau aufgeschrieben werden konnte. Daneben gab es verschiedenste Hieroglyphen, Embleme und Zahlen. Geschrieben wurde auf unterschiedlichsten Materialien. Hunderte von Inschriften sind auf Stelen, Wandtäfelungen und in anderen Steinmonumenten erhalten. Dabei handelt es sich meist um Aufzeichnungen der Elite, um Geburten, Regierungsantritte, Hochzeiten, kriegerische Ereignisse und Todesfälle.

Ihre Zivilisation – und die der anderen lateinamerikanischen Hochkulturen – hält dem Vergleich mit den frühen Kulturen der Antike ohne weiteres stand. Das astronomische Wissen der Maya beispielsweise übertraf zu dieser Zeit bei weitem die Kenntnisse der Mittelmeerkulturen in der alten Welt. Zwischen 600 und 800 n. Chr. waren die Maya auf einem glanzvollen kulturellen Höhepunkt angelangt. Dann begann der Abstieg.

Als die spanischen Eroberer ins Land der Maya eindrangen, war deren Blütezeit nur noch eine Erinnerung. Niemand weiß genau, was zum Niedergang der Hochkultur der Maya führte. Wahrscheinlich war es das Zusammenspiel mehrerer Faktoren. Möglich ist, dass das Land nicht mehr in der Lage war, die zu große Bevölkerung zu ernähren oder dass Epidemien das Volk so stark dezimierten, dass der politische Zusammenhalt zerbrach. Vielleicht gab es sogar Revolutionen gegen die Macht der Könige und Adeligen. Denkbar sind auch Naturkatastrophen wie Erdbeben, die in diesem Teil Amerikas keine Seltenheit waren.

Mit dem Schöpfungsmythos „Popul Vuh" hinterließen uns die Maya einen tiefen Einblick in ihre Religion und Geschichte:

In der Schöpfungsgeschichte der Maya waren drei Versuche vonnöten, bis die Götter die Menschen zu ihrer Zufriedenheit erschaffen hatten.

Zuerst formten sie einen Menschen aus Lehm. Doch der war zu weich und das Regenwasser konnte ihn auflösen.

Für den nächsten Menschen benutzten sie Holz, doch dieser hatte weder Herz noch Verstand. Durch eine Sintflut vernichteten die Götter sie fast alle. Die wenigen Holzmenschen, die überlebten, wurden zu den Vorfahren der Affen.

Dann nahmen die Götter Maismehlbrei und formten daraus einen Menschen, der ihnen gefiel und mit dem sie zufrieden waren.

Alles in der Welt der Maya hatte seine göttliche Bedeutung. Sie glaubten, dass jeder Mensch zwei Seelen besaß: Die eine galt als unzerstörbar, die andere teilte sich jeder Mensch mit einem Nagual, seinem Tierschutzgeist. Nagual und Mensch waren eng miteinander verbunden. Was dem Nagual widerfuhr, traf auch den Menschen. Schamanen konnten sich in ihr zweites Ich verwandeln und im Nagual weiterleben. Bei religiösen Zeremonien stellten sie in Trance-Tänzen die Verbindung von Mensch und Nagual mit Hilfe von Masken dar. Noch heute ist der Glaube an die Existenz der Nagual bei den Indianern weit verbreitet.

Wo der Adler auf dem Kaktus
die Schlange frisst – die Azteken

Im Jahr 1325 gründete das Volk der Mexi-ca ihre Stadt auf einer Insel inmitten des Texcoco-Sees und nannte sie Tenochtitlán, „der Ort, wo der Nopalkaktus aus dem Stein wächst".

Das Volk der Mexica war einer der sieben Stämme der Azteken, die aus dem Norden kommend eine neue Heimat suchten. An den Ufern des Sees war ihren Priestern der Gott Huitzilopochtli erschienen. Er hatte ihnen befohlen, an dem Ort ihre Stadt zu errichten, wo ein Adler auf dem Kaktus sitzend eine Schlange verspeist. Auf der Insel hatten sie dieses ungewöhnliche Natur-schauspiel beobachtet und nicht gezögert dort ihre Stadt aufzubauen.

In nur 100 Jahren wurden die Azteken zum mächtigsten Volk Mexikos und herrschten über ein Reich von vier Millionen Men-schen. Kriege waren dabei für die Azteken unverzichtbar. Mit jedem neuen Volk, das sie unterwarfen, wuchs der Reichtum ihrer Städte. Zudem benötigten sie ständig neue Gefangene, die sie in ihren Ritualen töte-ten, um die Götter zu besänftigen.

Zu Beginn des 16. Jahrhunderts lebten in Tenochtitlán, der Hauptstadt der Aztken, mehr als 200.000 Menschen. Damit war die Stadt eine der größten der Erde. Sie war beeindruckend mit ihren gewaltigen Pyramiden und Pälasten. Auf riesigen Märkten boten Händler eine große Menge verschiedenartigster Nahrungsmittel und Luxusgüter an und über Aquädukte gelangte Trinkwasser in die öffentlichen Brunnen. Die gigantische Stadt auf der Insel konnte nur über einen schmalen Damm durch den Texcoco-See erreicht werden. Umgeben war sie von ‚Chinampas‘, den schwimmenden, künstlichen Inseln im See. Auf ihnen wurden Mais, verschiedene Gemüsesorten, Gewürze und Heilkräuter angebaut. Als die spanischen Eroberer 1520 mit ihrem Anführer Cortés die Hauptstadt der Azteken erreichten, hieß sie der Aztekenherrscher Moctezuma zunächst willkommen. Eine alte Legende besagte nämlich, der Gott Quetzalcoatl sei vor langer Zeit in Richtung Osten gesegelt und habe seine Rückkehr für einen unbestimmten Zeitpunkt angekündigt. Die in Metall gekleideten Fremden auf ihren großen Pferden kamen aus dem Osten und so glaubte Moctezuma, Cortés wäre der Gott Quetzalcoatl.

Doch die vermeintlichen Götter zeigten bald ihr wahres Gesicht: Durch einen Zufall entdeckten sie Moctezumas Schatzkammer. In ihrer Gier nach Gold überwältigten die Spanier Moctezuma und nahmen ihn gefangen. Wenige Tage später warfen sie seinen Leichnam vom Palastdach auf die Straße.

Die Azteken setzten sich zur Wehr. Um ihrem Zorn zu entgehen, mussten die Spanier aus Tenochtitlán fliehen. Nur einem Drittel von ihnen gelang es zu entkommen. Der Rest fiel im Kampf gegen die Aztekenkrieger oder ertrank im Texcoco-See.

Doch Cortés gab sich nicht geschlagen. Bald kehrte er mit einer riesigen Armee von 16.000 Mann zurück und belagerte die Hauptstadt der Azteken. Nach acht Monaten hatte Cortés Tenochtitlán erobert und die Azteken besiegt. 100.000 Indianer kamen in den Kämpfen ums Leben. Es war der Beginn einer langen Zeit des Leidens für alle indianischen Völker Mexikos.

Beim Eintreffen der spanischen Eroberer lebten etwa 25 Millionen Ureinwohner in Mexiko. 1580 – nur 60 Jahre später – war ihre Zahl auf zwei Millionen gesunken. Sie wurden im verzweifelten Kampf gegen die Vernichtung ihrer Welt getötet, von aus Europa eingeschleppten Seuchen hingerafft, sie verhungerten oder starben an den Misshandlungen, die sie als Sklaven über sich ergehen lassen mussten.

Auf den Ruinen ihrer zerstörten Hauptstadt Tenochtitlán errichteten die Eroberer Mexiko City, den Regierungssitz der Kolonie Neuspanien.

Heute ist Spanisch die Amtssprache in Mexiko und 95 Prozent der Einwohner gehören der katholischen Kirche an. Dennoch sind Kultur und Religion der Azteken und der anderen indianischen Völker Mexikos nicht verschwunden. Viele Elemente der alten Religionen finden sich in den christlichen Festen wieder. Auch die Sprache der Azteken, ‚Nahual‘, wird nach wie vor von Hunderttausenden Mexikanern gesprochen.

500 Jahre nach der Vernichtung des Reiches der Azteken leben wieder etwa 23 Millionen Indianer in Mexiko, fast ein Drittel der Gesamtbevölkerung. Von den einst ca. 50 verschiedenen indianischen Völkern in Mexiko sind allerdings zehn für immer verschwunden.

Söhne der Sonne – die Inka

Etwa um 1300 betrat das peruanische Volk der Inka die Bühne der Weltgeschichte. Zunächst waren sie eine kleine Regionalmacht, doch nach und nach besiegten und unterwarfen die Inka fast alle ihre Nachbarvölker.

Der neunte Inka ließ sich in Cuzco, der Hauptstadt seines Reiches, zum Herrscher mit dem Namen ‚Erneuerer der Welt' krönen. Seine Erben beherrschten ein riesiges Reich, das die gesamten mittleren Anden umfasste.

Die eroberten Völker durften zwar ihre eigenen Götter behalten, mussten aber den Hauptgott der Inka „Inti", die Sonne, über alle anderen Götter stellen und sich ansonsten dem Leben der Inka anpassen. Der Inka, Herrscher über das Reich, galt als der direkte Nachfahre der Sonne. Er war der Mittler zwischen den Göttern und der Welt der Menschen.

Um das riesige Reich besser zu kontrollieren und zusammenzuhalten, schufen die Inka ein gewaltiges Netz von Wegen und Straßen durch die Hochebene und entlang der Pazifikküste. Über die Schluchten des Hochgebirges wurden Hängebrücken von bis zu fünf Metern Breite gebaut. Truppenbewegungen waren über dieses Wegenetz schnell durchzuführen. Aber auch Boten nutzten die Wege, um ihre Nachrichten auf dem schnellsten Weg von einer Stadt zur nächsten zu bringen.

Zu Beginn des 16. Jahrhunderts erreichte das Reich der Inka seinen Höhepunkt. Der ‚Sohn der Sonne' herrschte über zehn Millionen Menschen in einem klar strukturierten Imperium. Regelmäßig fanden Volkszählungen statt.

Der Staat organisierte das tägliche Leben und bestimmte die Tätigkeiten jedes Einzelnen. Ein Heer von Verwaltungsbeamten verteilte die Aufgaben, trieb die Steuern ein und überwachte die Versorgung der Menschen. Im ‚Haus des Wissens' wurden Wissenschaftler, Chronisten und Buchhalter ausgebildet.

An den Hängen der Anden legten die Bauern Terrassen für die Landwirtschaft an. Dabei spielte im Umkreis der dicht besiedelten Städte die Vorratshaltung eine große Rolle: Arbeiter breiteten befeuchtete Kartoffeln in frostigen Höhenlagen aus und legten sie in die Sonne. In der Nacht froren die Kartoffeln, tagsüber trocknete die Sonne sie aus. So entstand eine Nahrung aus gefriergetrockneten Kartoffeln, die viele Monate haltbar blieb.

Schon die Kinder waren Teil des Arbeitssystems, halfen bei der Feldarbeit und hüteten die Lama- und Alpakaherden.

Als 1531 Fernando Pizarro mit seinen knapp 200 spanischen Soldaten im Reich der Inka an Land ging, war das Volk geschwächt durch einen gerade beendeten Bürgerkrieg. Pizarro lockte den amtierenden Inka Atahualpa in eine Falle und nahm ihn gefangen. Die Spanier verlangten ein hohes Lösegeld für das Leben des ‚Sohnes der Sonne'. Kaum hatten sie es erhalten, töteten sie Atahualpa und zerstörten in der entstehenden Verwirrung über den Tod des Inka Dörfer und Städte. Pizarro zog eine blutige Spur der Verwüstung durch das Land. 1571 war der letzte Widerstand des Inkavolkes gebrochen. Ihr einstmals blühendes Reich wurde zur spanischen Kolonie.

Göttinnen und Götter

Die alten Religionen Mittel- und Südamerikas hatten viele Gemeinsamkeiten.

Die beiden Hauptgötter der **Inka** waren Viracocha, der Schöpfer, und Inti, die Sonne, die Macht und Stärke symbolisierte.

Die **Azteken** dagegen verehrten die ‚Gefiederte Schlange', Quetzalcoatl. Doch auch für sie spielte die Sonne eine große Rolle. Sie glaubten, eines Tages würde die Sonne nicht mehr aufgehen und damit wäre das Ende der Welt gekommen. Um dieses Ereignis in eine ferne Zukunft zu verschieben, opferten die Azteken in ihren Tempeln Gefangene. Sie glaubten, Herz und Blut der Getöteten würden die Sonne am Leben erhalten.

Maya-Bilderbuch

Die Maya besaßen bereits Bücher. Ihre Hieroglyphen malten sie mit einem feinen Pinsel auf dünne Streifen aus Baumrinde, die sie vorher mit einer Kalkschicht überzogen hatten. Gelesen wurde die Schrift von links nach rechts und von oben nach unten. Anstatt die Schriften zu rollen, falteten die Schreiber der Maya ihre Bücher wie eine Ziehharmonika zusammen.

Material: 1 langer Papierstreifen (ca. 1 m lang, DIN A4 hoch), Wasserfarben und Pinsel oder Farbstifte, Locher, Verstärkungsringe, Zahnstocher oder vergleichbar dünnes Stück Holz
Alter: ab 6 Jahren

Die Kinder gestalten gemeinsam ein Bilderbuch. Das Thema kann frei gewählt sein oder eine der Geschichten, Legenden, Mythen im Buch aufgreifen (z. B. Schöpfungsgeschichte der Maya, S. 7), die die Kinder ihren Vorstellungen entsprechend in Bildern darstellen.

* Den langen Papierstreifen wie eine Ziehharmonika zusammenfalten, so dass sechs gleich breite Seiten entstehen.
* Das Papier wieder auseinander falten und jede Seite vorne und hinten in der Mitte durch eine Linie teilen, so dass auf dem Streifen vorne und hinten Platz für jeweils zwölf Bilder ist.
* Die Kinder malen die vorgegebene Geschichte oder ein Erlebnis auf die Vorderseiten des Buches. Ältere Kinder können ihre Geschichte in der Art einer Bildergeschichte in zwölf Schritte gliedern.
* Anschließend die Rückseite als Fortsetzung oder für eine neue Geschichte nutzen.
* Das Blatt wieder zum Maya-Buch zusammenfalten.
* An der Außenseite mittig mit einem Locher zwei Löcher in einem Abstand von 1 cm einstanzen und mit den Verstärkungsringen stabilisieren.
* Zahnstocher durch die Löcher schieben und das Bilderbuch damit verschließen.

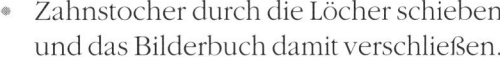

Kalender der Maya

Die Maya hatten einen eigenen Kalender. Sie zählten die Tage und fassten diese zu besonderen Einheiten zusammen.

Die Einheiten hießen:

1 Kin		1	Tag
1 Unial	= 20 Kin	20	Tage
1 Tun	= 18 Unial	360	Tage
1 Katun	= 20 Tun	7.200	Tage
1 Baktun	= 20 Katun	144.000	Tage

Die Zahlen der Maya

Die Maya rechneten in einem Zwanziger-Zahlensystem und kannten auch eine Null.

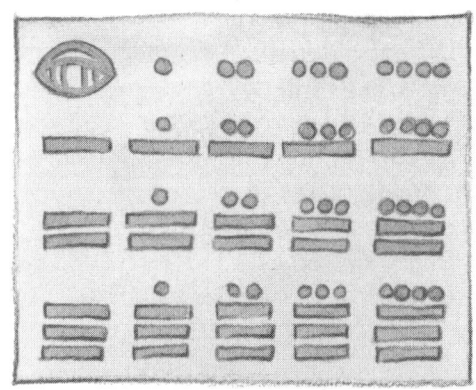

Wie alt bist du?

Material: Papier, Stift
Alter: ab 7 Jahren (Variante: ab 3 Jahren)

Die Kinder rechnen aus, wie viele Tage sie alt sind und schreiben ihr Alter in den Einheiten der Maya auf.
Die folgende Tabelle erleichtert die Umrechnung, ist aber nicht ganz genau:
1 Jahr entspricht 365 Tagen,
1 Monat immer 30 Tagen.

	Tun	Unial	Kin
1 Monat*		1	10
2 Monate		3	
3 Monate...		4	10
1 Jahr	1		5
5 Jahre	5	1	5
6 Jahre	6	1	10
7 Jahre	7	1	15
8 Jahre	8	2	
9 Jahre	9	2	5
10 Jahre...	10	2	10
* 1 Monat = 30 Tage			

Variante ab 3 Jahren:
Die Kinder malen sich selbst und schreiben ihr Alter in den Maya-Zahlen darunter.

Federmosaik

Als besondere Kunst galt im alten Mexiko das Erstellen von vielfarbigen Federbildern. Große Mengen von kleinen bunten Federn waren dafür nötig. Wie bei einem Mosaik wurden die Federn gelegt und geklebt, wobei die kompliziertesten Bilder und Darstellungen entstanden. Die Abbildungen zeigen verschiedene Vögel aus der Maya-Schrift.

Material: 1 Bogen weißes Tonpapier (DIN A4 oder größer), feiner schwarzer Filzstift, kleine bunte Federn (alternativ: Transparentpapier), Schere, Klebstoff
Alter: ab 3 Jahren (mit Hilfe)

Die Federn (bzw. Transparentpapier-schnipsel) passend nach Farben und Größen sortieren. Einen der Vögel durch Kopieren vergrößern oder frei Hand mit Filzstift auf einen Bogen Tonpapier übertragen.
Den Vogel mit den Federn bunt ausgestalten. Die der Vogelform und -farbe entsprechenden Federn auf Kopf, Flügel, Körper, Schwanz... legen und festkleben.

Chalchinhtotolin
(Truthahn)

Papalotl
(Schmetterling)

Cacalotl
(Rabe)

Tecolotl (Uhu)

Tzolin (Wachtel)

Chicoatli (Baumeule)

Türkismaske des Xiuthecuhtli

Die Azteken stellten kunstvolle Mosaik-masken her, die sie in ihren Zeremonien benutzten. Die folgende Maske zeigt den Gott Xiuthecuhtli, der nach dem Glauben der Azteken im Zentrum des Kosmos residierte. Er war der Gott des Feuers, der Krieger, Zauberer und des Königshauses der Azteken. Sein Name bedeutet „Herr des Türkis". Die Türkise galten als das Symbol des Feuers.

Material: 1 Bogen weißer Tonkarton (DIN A4), schwarzer Filzstift, Schere, je 1 Blatt türkisfarbenes und hellbraunes Transparentpapier, Klebstoff, Lochzange, Verstärkungsringe, Hutgummi
Alter: ab 4 Jahren (mit Hilfe)

Die Vorlage der Maske (S. 16) durch Kopieren vergrößern und auf den Tonkarton übertragen.

Die Linien mit dem Filzstift nachziehen, damit der Aufbau der Maske leichter erkennbar und die Ausgestaltung einfacher wird. Die Maske ausschneiden. Die Augen heraustrennen, die Nase entlang der durchgezogenen Linie einschneiden.

Das farbige Transparentpapier in kleine Schnipsel schneiden und wie ein Mosaik aus hellbraunen und türkisen Steinchen auf die Maske kleben. Dabei geben die Linien eine Orientierung für die Anordnung. Die Nase entlang der gestrichelten Linie knicken. Kopf- und Halsstück ebenfalls knicken und entsprechend zusammenkleben.

An den Seiten mit der Lochzange jeweils ein Loch durchstechen und mit Verstärkungsringen stabilisieren. Das Gummiband durchführen, an die Kopfgröße anpassen und fest verknoten.

Aztekenfächer

Material: 1 Ring aus Styropor (Ø etwa 15 cm), Wasser- oder Plakafarbe, 1 Pinsel, 1 Bambusstock (ca. 60 cm), Klebstoff, Federn (alternativ Papierfedern)
Alter: ab 4 Jahren

Styroporring wie vorgegeben oder nach eigenen Ideen mit Wasserfarben bemalen und trocknen lassen.
Den Bambusstock von unten durch den Styroporring stoßen (evtl. ein entsprechendes Loch vorbohren) und so weit durchschieben, bis er auf der gegenüber liegenden Seite wieder im Ring steckt.
Den Stock mit Klebstoff fixieren.
Viele Federn von außen dicht gedrängt um den Styroporring stecken, festkleben und den Kleber trocknen lassen.

Moctezumas Krone

Die Krone des letzten Herrschers der Azteken bestand nur zu einem kleinen Teil aus dem Gold, das die europäischen Eindringlinge so gierig suchten. Der wichtigste und wesentlich beeindruckender Teil seines Kopfschmucks waren die grünen und blauen Federn, die von mindestens 250 Quetzal- und Kotingavögeln stammten.

Material: 1 Bogen weißer Tonkarton (DIN A4), feiner schwarzer Filzstift, Schere, Farbstifte (in Grün, Blau, Rot, Gold), Lochzange, Hutgummi, Verstärkungsringe

Alter: ab 4 Jahren (mit Hilfe eines Erwachsenen)

Die Vorlage (durch Kopieren) auf DIN A4 vergrößern, den Umriss abpausen oder frei Hand mit schwarzem Filzstift auf den Tonkarton übertragen und ausschneiden.
Die Krone mit den Farbstiften ausmalen. (Das Mittelstück rot und golden gestalten, die Federn mit blauen und grünen Farben.) An beiden Seiten Löcher durchstechen und mit Verstärkungsringen stabilisieren. Das Gummiband durch die Löcher ziehen, an die Kopfform anpassen und in der entsprechenden Länge verknoten.

Variante:
Noch wirkungsvoller ist die Krone, wenn statt gemalter Federn viele echte (evtl. blau und grün gefärbte) Federn verwendet werden!

BLAU
GRÜN
ROT
GOLD

Tlachtli – das Ballspiel

Das Ballspiel Tlachtli war ein wichtiger Bestandteil des Lebens im alten Mexiko und für die Menschen weit mehr als pure Unterhaltung: Das Spielfeld hatte kosmologische Bedeutung, der Ball galt als das Symbol der Sonne. Die Allgegenwart des Todes und das Opferritual spielten eine große Rolle im Ballspiel. In manchen Gegenden der Maya-Region wurden die Verlierer des Spiels anschließend sogar in einem Ritual getötet.

Die genauen Regeln des Spiels sind nicht überliefert. Aber wir wissen, dass zwei Mannschaften auf einem extra angelegten Platz gegeneinander kämpften, dass der Hartgummiball nicht mit der Hand oder dem Fuß gespielt werden durfte und dass die härtesten Schüsse mit der Hüfte abgegeben wurden.

Ziel des Spiels war es, den Ball durch einen Steinring zu befördern, der als Tor an einer Mauer befestigt war.

In Anlehnung an das alte mexikanische Ballspiel hier eine interessante Variante als Fußballspiel.

Material: 2 große Ringe (z. B. Hula-Hoop-Reifen), Spielfeldmarkierung, 1 leichter Softball in der Größe eines Volleyballs
Alter: ab 6 Jahren

Die Kinder bilden zwei Teams mit jeweils mindestens drei SpielerInnen.

Die Spielleitung (SchiedsrichterIn) markiert ein Spielfeld; seine Größe richtet sich nach der Anzahl der Kinder. Anstelle zweier Tore werden die Ringe an zwei Bäumen (oder im Fußball- oder Handballtor) aufgehängt. Die Reifen sollten ca. einen Meter über dem Boden hängen, um die Torchancen zu erschweren.

Wie beim Fußball dürfen die Kinder den Ball nicht mit der Hand berühren. Beide Teams spielen mit Stürmern und Verteidigern – aber ohne speziellen Torwart.

Die Dauer des Spiels wird auf etwa 2 x 10 Minuten festgelegt oder das Spiel endet, sobald das erste Team 10 Tore erzielt hat.

...für Fortgeschrittene

In manchen Gegenden Mexikos wird das Spiel in einer abgewandelten Variante auch heute noch an bestimmten Festtagen durchgeführt.

Material: Spielfeldmarkierung, 1 leichter Softball in der Größe eines Volleyballs
Alter: ab 8 Jahren

Das Spielfeld liegt auf einer ebenen Fläche von 20 x 50 Metern und ist in vier gleiche Streifen aufgeteilt, in jeweils zwei Hinter- und Mittelhöfe. Eine Mittellinie trennt die Bereiche der beiden Teams.

Bis zu zehn SpielerInnen pro Team verteilen sich auf ihren Höfen, ähnlich wie bei der Grundaufstellung im Fußball.

Ein ‚Mittelspieler‘ des beginnenden Teams schlägt den Ball mit Händen oder Armen in die Luft. Alle SpielerInnen dürfen den Ball jetzt nur noch mit den Hüften, Schultern, Knien oder dem Rücken berühren! Ziel ist es, den Ball, ohne dass er den Boden berührt, durch die Reihen des gegnerischen Teams hinter die Schlusslinie des ‚gegnerischen Hinterhofes‘ zu treiben.

Fällt der Ball beim Spiel auf den Boden, schlägt das Kind, das ihn zuletzt berührt hat, den Ball wieder in die Luft.

Schafft es ein Team den Ball über die gegnerische Schlusslinie zu befördern, erhält es 5 Punkte. Von der Mittellinie aus wird nun der Ball erneut in die Luft geschlagen. Erreicht ein Team 25 Punkte, endet das Spiel.

LATEINAMERIKA NACH KOLUMBUS

Die Eroberung

„Sofort sammelten sich an jener Stelle zahlreiche Eingeborene der Insel. In der Erkenntnis, dass es sich um Leute handele, die man weit besser durch Liebe als mit dem Schwert retten und zu unserem Heiligen Glauben bekehren könnte, gedachte ich, sie mir zu Freunden zu machen und schenkte also einigen von ihnen rote Kappen und Halsketten aus Glas und noch andere Kleinigkeiten von geringem Wert, worüber sie sich ungemein freuten. Sie wurden so gute Freunde, dass es eine helle Freude war."

Christoph Kolumbus über seine Landung auf der Insel Hispaniola, dem heutigen Haiti

„Es hat keine Entdeckung in Amerika stattgefunden. Es gab nichts mehr zu entdecken. Alles, was es hier gibt, hatten wir bereits entdeckt. Wir sind mit dem Wort Entdeckung genauso wenig einverstanden wie mit dem Terminus, es hätten sich zwei Kulturen getroffen. Man muss von einer Invasion der Europäer sprechen."

Leonardo Viteri

Als die Europäer im 16. Jahrhundert Lateinamerika eroberten, trafen sie auf indianische Völker, die sich völlig unterschiedlich entwickelt hatten.

Da waren zum einen die nomadischen Kleinvölker, Jäger, Sammler und Fischer, die teilweise isoliert in unzugänglichen Gebieten des Regenwaldes und der Gebirge lebten. Zum anderen existierten große hierarchische Reiche – wie die der Inka, Maya und Azteken – in Regionen, die ein enges Zusammenleben von vielen tausend Menschen in Städten ermöglichten.

Die Spanier ihrerseits hatten erst kurze Zeit vorher, nach einem viele Jahrhunderte dauernden Krieg, die Mauren von der Iberischen Halbinsel vertrieben. Krieg und zivilisatorischer Rückschritt durch das Vernichten der maurischen Kultur hinterließen eine militarisierte, arme spanische Nation.

Europa war durch das Erstarken des Osmanischen Reiches der Handelsweg über Land nach Indien und China versperrt. Für die dominierenden seefahrenden Nationen Portugal und Spanien ergab sich so die willkommene Gelegenheit aus dem Übersee-Handel mit Asien zu profitieren. Doch erst einmal musste der Seeweg nach Indien und China gefunden werden!

Christoph Kolumbus brach als erster Europäer seiner Zeit in Richtung Westen mit dem Ziel Indien auf. 1492 landete er auf den Karibischen Inseln. Bis zu seinem Tod glaubte er, den Seeweg nach Indien gefunden zu haben. Diesem Missverständnis verdanken die Ureinwohner Amerikas die Bezeichnung ‚Indianer'.

Die ersten Begegnungen zwischen Europäern und Ureinwohnern verliefen friedlich. Doch die Nachricht, im Inneren des ‚neuen' Kontinentes befänden sich große Mengen an Gold, weckte die Gier der Europäer. Innerhalb kürzester Zeit wurden aus ‚Entdeckern' brutale Eroberer.

Spanier und Portugiesen teilten Amerika unter sich auf. Kolonien entstanden, deren Ausbeutung Spanien und Portugal für einige Zeit zu den reichsten Nationen der Welt machte. Mit brutalen Methoden zwangen sie die Ureinwohner zur Arbeit in den Minen und der Landwirtschaft. Kriege, menschenunwürdige Lebens- und Arbeitsbedingungen und aus Europa eingeschleppte Seuchen führten zu einem Massensterben.

Fast ausschließlich Männer zog es in den ersten 200 Jahren aus Europa nach Amerika. So bestand der größte Teil der Bevölkerung in den Kolonien aus Mestizen, den Kindern aus den Verbindungen der weißen Männer mit Indiofrauen. In der gesellschaftlichen Hierarchie bildeten aber nur Spanier und Portugiesen die herrschende Oberschicht. Es entstand eine rassistische Gesellschaft mit den weißen Einwanderern an der Spitze, gefolgt von den Kreolen, ihren in Amerika geborenen Nachkommen, den Mestizen und der rechtlosen Masse der Ureinwohner und der schwarzen Sklaven. Bis zum heutigen Tag ist dieser Rassismus in weiten Teilen Lateinamerikas spürbar.

SKLAVEREI UND SKLAVENHANDEL

„Auf dieser großen Plantage regnet es nicht
Der Schweiß meines Körpers ersetzt den Regen
Auf dieser Plantage gibt es reifen Kaffee
Die roten Kirschen sind meine Blutstropfen
Der Kaffee wird geröstet
Der Kaffee wird gestampft und zermahlen
Dann ist er schwarz – wie meine Haut
Die Hautfarbe des Sklaven
Wer arbeitet auf dem Feld, damit der Mais wächst?
Wer sorgt dafür, dass die Orangenbäume gedeihen?
Wer verdient das Geld, mit dem der Herr sich alles kaufen kann?
Maschinen, Autos, Frauen?
Und die Köpfe der Schwarzen für seine Motoren."

Antonio Jacinto und Ruy Mingas

Das Hauptinteresse der iberischen König-
reiche an ihren Kolonien in Lateinamerika
war die Ausbeutung der Bodenschätze
und der massenhafte Anbau von Agrar-
produkten. Die unterworfenen Indianer
schufteten als Zwangsarbeiter, doch nur
wenige überlebten die unmenschlichen
Arbeitsbedingungen über einen längeren
Zeitraum.

Um die Länder weiter wirtschaftlich ausbeuten zu können, wurden ersatzweise Afrikaner als Sklaven in die Kolonien importiert. Es entstand der transatlantische Sklavenhandel, aus dem Spanier, Portugiesen und andere seefahrende Nationen zusätzlich hohe Gewinne erzielten.

Aus Europa segelten sie mit billigen Waren an die Westküste Afrikas und tauschten sie dort gegen schwarze Sklaven ein. Diese verfrachteten sie in die amerikanischen Kolonien, wo sie in den Minen und auf den neu eingerichteten Baumwoll- und Zuckerplantagen arbeiten mussten.

Von Lateinamerika aus kehrten die Seeleute dann mit Kolonialwaren wie Zucker und Kakao oder mit Edelmetallen nach Europa zurück, die sie hier mit großem Gewinn verkauften. Die Kolonien waren eine Goldgrube für ihre Mutterländer. Die Sklaven bekamen keinen Lohn und konnten jederzeit ersetzt werden, dementsprechend hoch waren die Gewinne.

Bereits im 16. Jahrhundert brachten die Europäer tausende von Afrikanern zur Sklavenarbeit nach Lateinamerika. Niemand kennt die genaue Zahl derer, die so aus ihrer Heimat verschleppt wurden. Schätzungen gehen von neun bis zwölf Millionen Afrikanern aus, die in Amerika als Sklaven leben mussten. Doch viele Millionen Menschen starben schon auf den Sklavenmärschen in Afrika und auf den Sklavenschiffen während ihres Transports nach Amerika. Vielleicht 30 Millionen Afrikaner sind so dem Sklavenhandel zum Opfer gefallen. Von denen, die Amerika erreichten, wurden lediglich 5% nach Nordamerika gebracht. 95% der afrikanischen Sklaven kamen nach Lateinamerika.

Die afrikanischen Sklaven in Lateinamerika kamen von der Westküste Afrikas. Sie stammten aus verschiedenen Völkern, die meist zur Bantu-Sprachfamilie gehörten.

Vier bis fünf Millionen wurden allein nach Brasilien verschleppt. Sie arbeiteten streng überwacht in Gruppen von bis zu 300 Menschen. Die Lebens- und Arbeitsbedingungen waren so furchtbar, dass die Sklaven durchschnittlich nur fünf bis zehn Jahre überlebten. Sie waren uneingeschränkter Besitz ihrer ‚Herren'.

In den Anfangszeiten begingen viele Afrikaner Selbstmord, um der Sklaverei zu entgehen. Erst im 17. Jahrhundert gelang es ihnen häufiger zu fliehen und sich in entlegenen Gebieten zusammenzuschließen. Der Quilombo dos Palmares war das bekannteste Gemeinwesen mit Siedlungen der freien Afrikaner. Sie bildeten einen Staat im Staat, bauten Lebensmittel an und lebten autark in Gemeinschaften, wie sie es aus Afrika kannten. Fast 100 Jahre setzten sich die Afrikaner im unwegsamen Gelände von Palmares gegen das portugiesische Militär zur Wehr. Trotzdem gelang es 1694 der bis zu diesem Tag größten Kolonialarmee Portugals Palmares zu erobern und zu vernichten.

In der ersten Hälfte des 19. Jahrhunderts wurden in den meisten Ländern Lateinamerikas Sklaverei und Sklavenhandel verboten. Doch auch heute noch gehören die Schwarzen zu den untersten Schichten der Gesellschaft. In den führenden Positionen der Politik und Wirtschaft sind sie nach wie vor die Ausnahme. Dagegen gilt die Arbeit als Bedienstete im Haus oder die Arbeit bei der Müllabfuhr als typisch für Schwarze.

Chancen, wirtschaftlich legal aufzusteigen, bieten vor allem der Sport, Tanz und Musik. Diese subtile Rassentrennung geht so weit, dass sich immer noch viele Schwarze, Farbige und Indios selbst als minderwertig empfinden.

Die Kolonien werden selbstständig

„Bolívar konstruierte einen Traum,
eine unbekannte Dimension, ein Feuer."

Pablo Neruda

Im 18. Jahrhundert verschärften sich die Spannungen zwischen den Kreolen und den Repräsentanten der Mutterländer in den Kolonien. Die Kolonien wurden wirtschaftlich bis an die Grenzen des Machbaren ausgebeutet, die Profite jedoch kamen fast ausschließlich den Mutterländern zugute.

Den ersten Aufstand gegen das koloniale Joch führte die indianische Bevölkerung 1780 in Peru. Der Appell an die Kreolen, gemeinsam mit ihnen gegen die spanische Tyrannei zu kämpfen, verhallte ungehört. Das Militär schlug den Aufstand blutig nieder. Doch die Revolutionen in Nordamerika und Frankreich sowie die Schwäche der Monarchien in den Mutterländern gaben den Unabhängigkeitsbewegungen bald wieder neuen Auftrieb.

Simón Bolivar, genannt ‚Libertador' (‚der Befreier'), war entscheidend an der Unabhängigkeit von Kolumbien, Venezuela, Ecuador, Peru und Südperu in den Jahren 1817 bis 1825 beteiligt. Ihm zu Ehren gab sich Südperu den Namen Bolivien. Bis auf viele der Karibischen Inseln und die Guyanas hatten alle Länder Mittel- und Südamerikas bis 1838 ihre Unabhängigkeit erlangt.

Lateinamerika heute

Genau wie so viele andere lernte ich von Kind auf zu schwitzen
Weder lernte ich die Schule kennen, noch wusste ich was spielen heißt
Sie holten mich aus dem Bett früh im Morgengrauen
Und an der Seite meines Vaters wuchs ich bei der Arbeit heran.

Victor Jara, chilenischer Sänger und Dichter,
1973 von den Militärs ermordet

Die Entwicklung Lateinamerikas wurde seit Ende des 19. Jahrhunderts entscheidend von der Wirtschaft und Politik der USA beeinflusst. Im Amerikanisch-Mexikanischen Krieg eroberten die USA weite Teile von Mexikos Norden und machten sie zu neuen Bundesstaaten. US-amerikanische Konzerne durchdrangen mit ihrem Kapital die Volkswirtschaften der Länder Lateinamerikas und schufen Abhängigkeiten und Einflusszonen, die später den Begriff der Bananenrepublik prägten. Bis 1933 schickte Washington wiederholt seine Truppen nach Lateinamerika, um politische Auseinandersetzungen im eigenen Interesse zu klären.

Während der Wirtschaftskrise Ende der 20er Jahre zogen die amerikanischen Konzerne verstärkt Kapital aus den lateinamerikanischen Ländern ab, was zur Verelendung und Landflucht großer Teile der Bevölkerung führte. In den darauf folgenden Jahrzehnten voller sozialer Konflikte entwickelten sich von den USA unterstützte diktatorische Regime, die ihrerseits von revolutionären Bewegungen bekämpft wurden.

Die Unterdrückung demokratischer und revolutionärer Gruppen und Parteien kostete zehntausende von Menschen das Leben. Noch heute ist das Schicksal vieler Menschen, die während der Diktaturen vom Militär entführt wurden und seitdem verschwunden sind, nicht geklärt.

Seit den 80er Jahren hat in Lateinamerika ein umfassender Demokratisierungsprozess eingesetzt. Die wirtschaftliche Lage vieler Länder hat sich entscheidend gebessert. Einige gelten mittlerweile als Schwellenländer mit einem großen Reichtum an natürlichen Ressourcen und einer schnell wachsenden industriellen Entwicklung. Nach wie vor sind allerdings weite Teile des gesellschaftlichen Lebens durch extreme soziale Ungleichheit und Rassismus gekennzeichnet.

Kinderalltag in den Anden

Ich habe meine Kindheit in den Anden verbracht. Erst mit 12 Jahren bin ich in die Stadt gezogen. In meinem Herzen bin ich immer noch ein junges Mädchen aus den Anden.

Dort sind wir jeden Morgen sehr früh aufgestanden. Jeder musste hart arbeiten, auch wir Kinder. Am Nachmittag sind wir dann in die Schule gegangen. Bei uns zu Hause gab es keine Elektrizität und auch keinen Wasserhahn, aus dem warmes und kaltes Wasser fließt. Gekocht haben wir auf einem Holzfeuer. So sind wir jeden Morgen vor dem Frühstück hinaus gegangen, um Feuerholz zu suchen. Das war nicht gerade einfach, denn alle kleinen Mädchen, seit der Generation meiner Großmutter, hatten rund um das Dorf schon viele Jahre jeden Morgen nach Holz gesucht.

An verregneten Tagen war das Holz nass und unsere Augen brannten dann vom Qualm in der Wohnung. Manchmal haben wir unser Frühstück auf getrockneten Kuhfladen gekocht. Jeden Morgen gab es Getreide. Wir rösteten die Weizen- und Gerstenkörner und suchten glatte Steine, um sie zu zerstoßen. Dann haben wir Wasser oder Milch dazu geschüttet.

Nach dem Frühstück brachten wir unsere Schafe, Ziegen und Lamas auf die Weide. Während mein Hund auf die Tiere aufpasste, habe ich Fäden aus Wolle gesponnen. War ich allein auf der Weide oder auf den Feldern, habe ich die Lieder gesungen, die ich von meiner Mutter gelernt hatte.

Später, nachdem wir die Tiere wieder zurück gebracht hatten, war es Zeit zur Schule zu gehen. In meiner Schule gab es nur einen Lehrer. Er hat alle Kinder, ganz gleich wie alt sie waren, in einer Klasse gleichzeitig unterrichtet. Wir hatten nur wenige Schulbücher, die wir alle miteinander geteilt haben. Ich liebte die kleinen Bilder und Zeichnungen in den Büchern. Wir besaßen keine Hefte und Stifte. Wir hörten gebannt auf jedes Wort unseres Lehrers. Wenn der Lehrer mich beim Namen rief, ging ich nach vorn und konnte die Antworten auf seine Fragen an die Tafel schreiben. In den Pausen spielten wir meist mit Murmeln oder wir haben gesungen und getanzt.

Hallo Kinder, mein Name ist Taka Tukan. Ich stamme aus den Regenwäldern Amazoniens. Ihr habt sicher schon einmal eines meiner Geschwister gesehen. Vielleicht im Zoo? Oder auf einem Foto in einem Tierbuch? Ich bin ganz sicher, viele von euch kennen Tukane. Wir sind ganz leicht zu erkennen, denn wir haben den schönsten Schnabel von allen Vögeln auf der Welt – das finden zumindest wir, die Tukane.

Ich möchte euch auf eurer Reise durch Lateinamerika begleiten. Ihr könnt doch sicher einen lustigen Tukan als Reisebegleiter gebrauchen, oder? Also, wo ich mich jetzt erst einmal vorgestellt habe, denke ich, ihr dürft mich ruhig Taka nennen. Gefällt euch mein Name? Und seid ihr alle bereit?
Dann kann es ja gleich losgehen mit unserer spannenden Reise durch Lateinamerika. Steigt alle auf und ab geht's! Während wir fliegen, erzähle ich euch schon einmal etwas über die Menschen, denen ihr begegnen werdet.

Wisst ihr überhaupt, wo Lateinamerika liegt? Es ist der Teil des amerikanischen Doppelkontinentes, in dem die Leute spanisch oder portugiesisch sprechen.
Lateinamerika beginnt in Mexiko, zieht sich durch ganz Mittelamerika, durch Südamerika bis hin nach Feuerland, der eisigen Südspitze des amerikanischen Kontinents. Viele Länder liegen auf diesem Weg und viele Landschaften. In ihren Wäldern und Wüsten, Bergen und Ebenen, im Meer und in den Flüssen gibt es eine Vielzahl an Tieren und überall wachsen die wunderbarsten Pflanzen.

Auch ganz unterschiedliche Menschen leben hier. Da sind die Indianer, die vor zwanzigtausend Jahren nach Amerika kamen, dann die Europäer, die den gesamten Kontinent erobert haben, und schließlich die Schwarzen, die aus Afrika hierher in die Sklaverei verschleppt wurden. Die meisten Menschen sind allerdings Mestizen. Unter ihren Vorfahren gibt es Indianer, Weiße und Schwarze.

Die Menschen hier in Lateinamerika feiern sehr gerne. So ein Fest wird ‚Fiesta' genannt. Und davon gibt es eine ganze Menge. Ich will mal sehen, ob wir die Menschen bei einigen ihrer Fiestas beobachten können, oder besser, ob wir vielleicht mitfeiern dürfen.
So, jetzt sind wir lange genug über das Meer geflogen. Dort zwischen den Wolken sehe ich Land. Wo wir wohl angekommen sind? Wir fliegen einfach runter und schauen uns ein wenig um.

Taka Tukan als Fensterbild

Material: weißes Papier, 1 Klarsichthülle, Fensterbildfarben, Konturenfarbe
Alter: ab 4 Jahren

Den Tukan auf ein weißes Blatt vergrößert übertragen. Die Vorlage in die Klarsichthülle schieben.
Die Umrisse mit der Konturenfarbe auf der Folie schwarz nachzeichnen.
Das Bild nach dem Trocknen mit beliebigen Fensterbildfarben bunt ausmalen.
Sind alle Farben aufgetragen und getrocknet, kann der Taka Tukan vorsichtig von der Folie abgezogen und an eine Fensterscheibe geklebt werden.

Die Indianer in Lateinamerika sind von den europäischen Einwanderern oft sehr schlecht behandelt worden. Deshalb erzählen sie sich gerne Geschichten, in der ein listiger Indianer auf seine Art Rache nimmt an den überheblichen Weißen.
Die Quechua, die Nachkommen des Volkes der Inka, einst Herrscher über die zentralen und nördlichen Anden, berichten über eine solche Begebenheit.

Ein freies Getränk

Ein Rechtsanwalt machte sich auf in die Berge, mit dem Auftrag, den Indios wieder mal ein Stück Land abzunehmen. Auf seinem Weg sah er ein kleines Geschäft. Er war sehr durstig von der langen Reise und wollte etwas zu trinken kaufen. Der kleine Junge hinter der Verkaufstheke sagte ihm, er habe nichts mehr zu trinken, das er ihm verkaufen könne.

Dem Rechtsanwalt war heiß und er war durstig. Das machte ihn richtig wütend. Er schrie den kleinen Jungen an: „Du überheblicher kleiner Bauernbengel, siehst du denn nicht, wer vor dir steht? Ich bin ein sehr wichtiger Mann und komme aus der Hauptstadt. Gib mir sofort etwas gegen meinen Durst!"

Der Junge antwortete: „Alles, was wir haben, ist dieser Krug mit Bier."

Der Anwalt befahl dem Jungen, ihm schnell ein großes Glas einzuschenken, das er sofort gierig austrank. Er bestellte noch ein Glas und schüttete es ebenso schnell herunter. Jetzt war er zufrieden.

Doch der Junge fragte ihn, ob er nicht noch ein weiteres Glas haben wolle.

Der Anwalt antwortete, es wäre jetzt genug und er wolle sich wieder auf den Weg machen.

Doch der Junge sagte: „Sie können ruhig noch ein Glas trinken, Sie brauchen auch nichts dafür zu bezahlen. Wir wollen kein Geld für unsere bescheidenen Getränke von einem so wichtigen Mann, wie Sie es sind."

Der Anwalt war sichtlich zufrieden, dass der Junge ihn endlich mit dem Respekt behandelte, der ihm zustand.

Während er noch sein drittes Glas austrank, erzählte ihm der Junge:

„Sie können ruhig den ganzen Krug austrinken. Meine Mutter hatte mir so oder so befohlen das Bier wegzuschütten. Heute Morgen ist nämlich eine Ratte in den Krug gefallen und in dem Bier ertrunken."

Die Geschichte vom Rechtsanwalt und dem Jungen erzählt, wie auch der vermeintlich Schwache den scheinbar Starken mit seiner List lächerlich machen kann.

In einem Gleichnis erzählen sich die Bauern in den Bergen eine andere Geschichte, in der viele kleine schwache Wesen die Großen und Starken besiegen. Was denkt ihr, wer ist wohl der König der Tiere in Lateinamerika? Der Jaguar? Die große Schlange Anakonda? Der Kondor?

Vor langer Zeit haben sich einmal zwei Tiere gestritten, weil jedes von ihnen glaubte, es sei das Stärkste und deshalb der König.

Wer das war und wie der Kampf ausging, davon berichtet die folgende Geschichte, die sich die Menschen in Lateinamerika gerne abends nach der Arbeit am Lagerfeuer erzählen.

Puma und Glühwürmchen – der Kampf zweier Könige

Der Puma ist der König aller Tiere, die auf vier Beinen laufen. Er ist ein mächtiger und gefürchteter König. Das Glühwürmchen aber ist der König der Insekten. Es leuchtet in der Nacht und ist für all die kleinen Wesen, die auf der Erde krabbeln oder mit ihren Flügelchen fliegen, der wahre König.

Eines Tages trafen sich der Puma und das Glühwürmchen mitten im finsteren Wald. Das winzige Glühwürmchen sprach den mächtigen Puma an: „Du bist also der König der Vierbeiner. Du magst ja noch so stark sein, trotzdem bin ich, der König der Insekten, viel mächtiger als du." Der Puma schaute es verdutzt an: „Werde nicht unverschämt, du Winzling, wie wollen du und deinesgleichen es mit den großen Vierbeinern aufnehmen? Geh mir aus dem Weg, bevor ich dich zertrete."

„Glaubst du im Ernst, du könntest mit deinen vierbeinigen Freunden das Heer der Insekten besiegen?", spottete das Glühwürmchen. Es flog ganz nah an das Ohr des Pumas und flüsterte: „Wenn du wirklich glaubst, dass du so stark und unbesiegbar bist, dann fordere ich dich zum Kampf. Du kämpfst mit all deinen vierbeinigen Freunden gegen die Insekten. Morgen früh werde ich dich erwarten." Der Puma lächelte: „Du willst wirklich gegen mich kämpfen? Gut, ich werde mit meinen Freunden kommen." Der Puma schüttelte den Kopf. Im Weggehen schleuderte er mit einer kleinen Bewegung seines Schwanzes das Glühwürmchen hoch in die Luft.

Am nächsten Morgen versammelten sich alle Vierbeiner, die dem Puma bei seinem Kampf gegen die Insekten zur Seite stehen wollten. Da waren Bären, Hunde, der Jaguar, Lamas, Vicuñas, Stiere, Schafe, Katzen, Kaninchen und viele mehr gekommen. Das Glühwürmchen wartete schon mit seiner Armee von Insekten.

Kaum hatten die großen Tiere den Kampfplatz erreicht, da stürzten sich von den Bäumen, aus der Wiese und von den Sträuchern ganze Wolken von Insekten auf die Vierbeiner. Sie waren so viele, dass sich die Sonne verdunkelte und die großen Tiere nichts mehr sehen konnten. Millionen von Bienen, Ameisen, Käfern, Wanzen und anderen Insekten klebten an den Körpern der Vierbeiner und stachen aus Millionen Stacheln und bissen mit Millionen Mäulern. Sie stachen in jeden Teil des Körpers: in die Zungen, in die Ohren, ja sogar in die Augen. Die Vierbeiner wussten nicht, wie sie sich gegen so eine Übermacht wehren sollten. Hatte einer von ihnen ein paar Dutzend Insekten verschluckt, stürzten sich gleich ein paar hundert andere auf ihn. Nicht einmal der Puma war in der Lage sich zu wehren.

Der Kampf dauerte nicht lange. Die großen Tiere waren schnell besiegt. In wilder Flucht rannten sie zum Fluss, so schnell ihre Beine sie trugen, um sich vor den stechenden Insekten ins Wasser zu retten. Dort kühlten sie ihre Stiche und Wunden.

In den Anden erzählen sich die Bauern diese Geschichte seit langer Zeit. Sie sagen: „Wenn sich viele kleine, schwache Insekten zusammentun, können sie gemeinsam sogar den Allerstärksten besiegen."

El Pavo – der Truthahn

Dieser Tanz stammt aus Chile. Zwei Kinder imitieren beim Tanzen die Balz von Truthahn und Truthenne.

Musik: El Condor pasa (S. 65, ◉ 13)
Material: für jedes Kind 1 Vogelmaske (s.u.), 1 großes Sieb für das Getreide, 1 große Pfanne zum Rösten, 1 großer Mörser zum Zerstoßen des Getreides, Getreidekörner, etwas Stroh, 1 rotes Tuch und 1 schwarzer Hut oder Mütze für den Truthahn, 2 rote Tücher für Truthahn und Truthenne
Alter: ab 4 Jahren

Die Kinder verkleiden sich entsprechend ihren Rollen. Ein Kind spielt den Truthahn, setzt sich den schwarzen Hut auf, bindet das rote Tuch als ‚Hahnenkamm' darum und nimmt ein rotes Tuch in die Hand.
Ein anderes Kind spielt die Truthenne und nimmt sich ebenfalls ein rotes Tuch.
Die übrigen Kinder verkleiden sich mit ihren Vogelmasken als Amseln, Hühner, Finken...

Bevor die Musik einsetzt, spielen die Kinder eine ganze Weile:
Ein Hahn geht pantomimisch mit einer Sense durch das Feld, ein Huhn röstet das Getreide, eine Amsel sammelt das Stroh, ein Fink zerstößt das Getreide...
Während dieser Zeit stehen Truthahn und Truthenne etwas abseits und schauen sich argwöhnisch an. Beide halten ihr rotes Tuch in den Händen und schlagen damit ab und zu nach ihrem Gegenüber.
Sie schleichen umeinander herum und belauern sich...

Mit der Musik beginnt der Balztanz:

- Truthahn und Truthenne rudern kräftig mit den Armen und schlagen immer wieder mit den roten Tüchern durch die Luft. Sie tanzen in Kreisen umeinander herum und imitieren so den Balztanz der Vögel. Beim Tanzen gehen sie ein wenig in die Knie, so, als wären sie jederzeit zu einem Sprung bereit. Ihre Bewegungen sind rund und geschmeidig. Die übrigen Vögel unterbrechen immer wieder ihr Spiel und beobachten die beiden.
- Wird der Trommelrhythmus heftiger, schlagen beide mit den Tüchern nacheinander.
- Sie tanzen langsam hintereinander her, vorn die Henne, dahinter der Hahn.
- Der Hahn bedrängt die Henne, die ungeduldig versucht ihm auszuweichen.
- Die Henne führt ihn zum Spaß an der Nase herum: Sie bewegt sich mal nach rechts, mal nach links. Ganz gleich, wohin sie läuft – immer folgt ihr der Hahn. Die Henne weist ihn immer wieder ab, doch er verfolgt sie weiter.
- Die übrigen Vögel unterbrechen ihre Tätigkeiten, stellen sich zum Kreis und bewegen sich im Rhythmus der Musik.
- Erst wenn die Musik endet, dreht die Truthenne sich zum Truthahn um und beide umarmen sich. Die Vögel klatschen und pfeifen zustimmend.

Vogelmaske

Material: Eierkarton (zwei ‚Eierfächer' pro Maske), Schere, Farbe und Pinsel oder Farbstifte, kleine Federn (alternativ Krepppapier oder Wollreste), Klebstoff, Verstärkungsringe, Hutgummi

Alter: ab 4 Jahren (mit Hilfe eines Erwachsenen)

Aus den Eierkartons entstehen ‚Augenmasken' mit einem kleinen Schnabel über der Nase:

- Den Deckel vom Eierkarton abtrennen.
- Das erste Paar der Eierfächer genau in der Mitte der ‚Erhebungen' zwischen den ersten vier Eierfächern durchschneiden und die beiden seitlichen Erhebungen abschneiden.
- Die Ränder um die Eierfächer herum so beschneiden, dass die Form gleichmäßig rund ist.
- Die Schnabelspitze vorsichtig auf die andere Seite durchdrücken. (Vorher leicht anfeuchten – dann bricht der Karton nicht so leicht!)
- In den Boden der beiden Eierfächer kleine, runde Löcher als Vogelaugen schneiden.
- Die Kinder gestalten ihre Masken für verschiedene Vogelarten:
  Für eine Eule beispielsweise die Maske mit Brauntönen und den Schnabel schwarz bemalen.
  Für eine Möwe die Maske in Weiß und den Schnabel in Gelb, für eine Amsel die Maske schwarz und den Schnabel gelb malen...
- Zur Verzierung Federn, Wollreste oder Schnipsel von Krepppapier aufkleben.
- An beiden Seiten der Maske ein Loch durchstoßen und mit Verstärkungsringen versehen.
  Das Hutgummi durchführen, die Maske aufsetzen, seine Länge an den Kopf anpassen und verknoten.

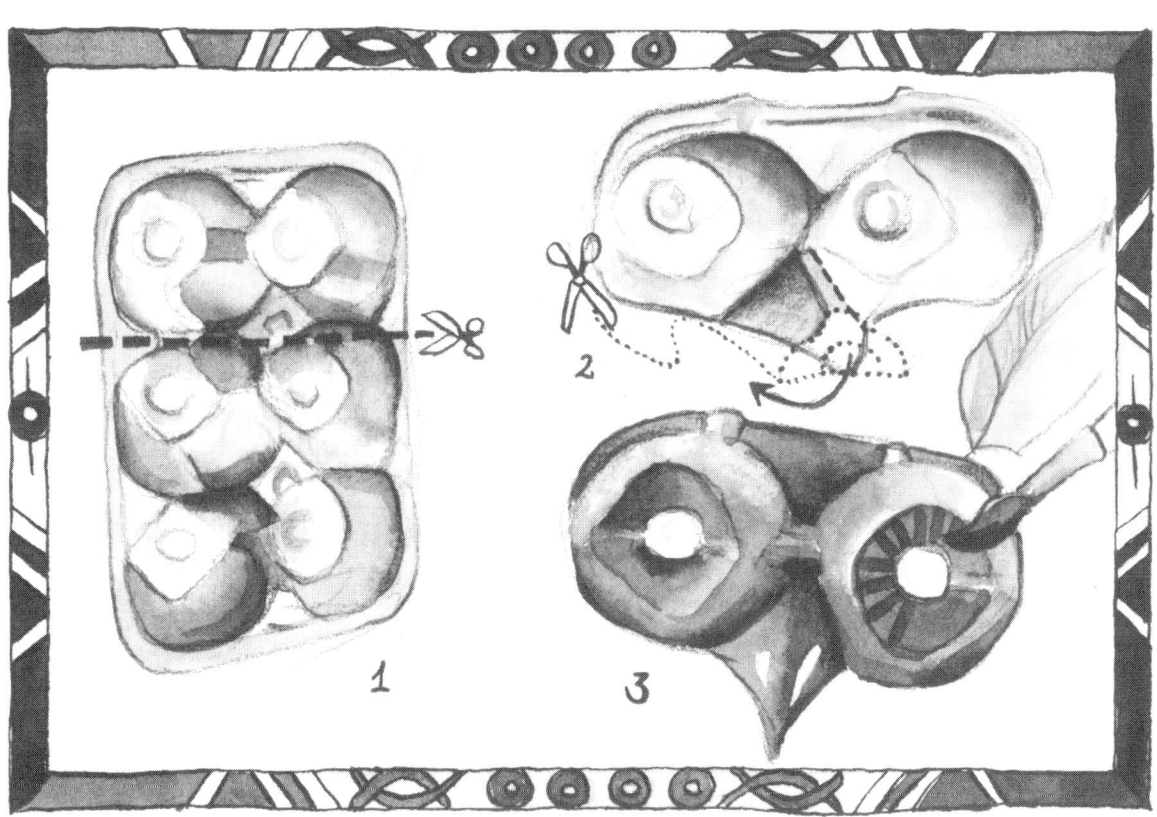

Galinho

🔘 30
trad., dt. Text: Pit Budde

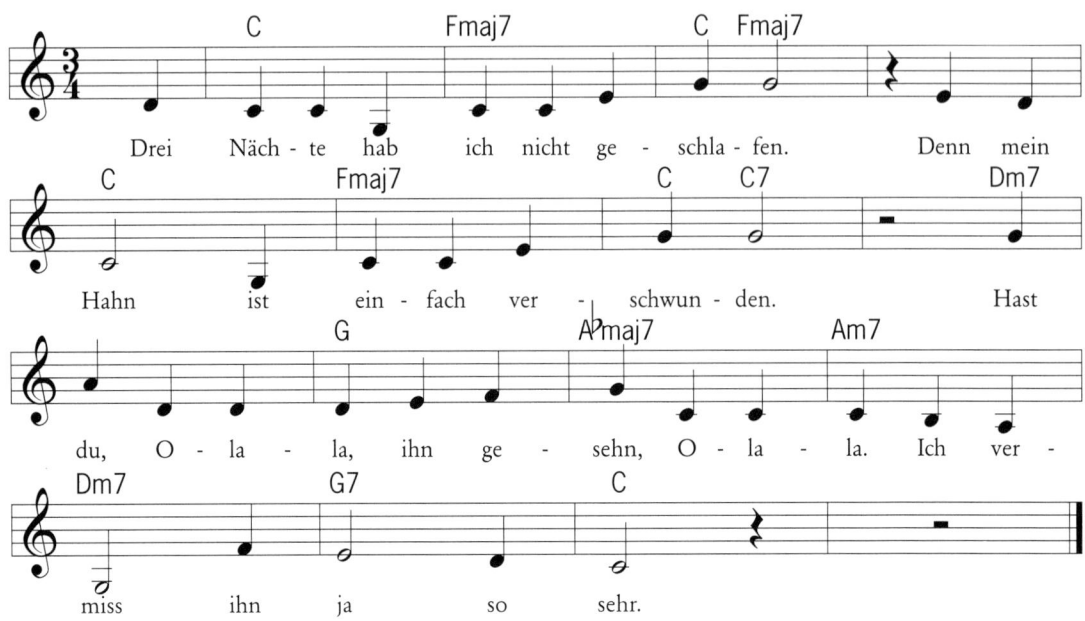

Drei Näch - te hab ich nicht ge - schla - fen. Denn mein

Hahn ist ein - fach ver - schwun - den. Hast

du, O - la - la, ihn ge - sehn, O - la - la. Ich ver -

miss ihn ja so sehr.

1. Drei Nächte hab ich nicht geschlafen
Denn mein Hahn ist einfach verschwunden
Hast du   Olala
Ihn gesehen   Olala
Ich vermiss ihn ja so sehr

1. Faz trez noite que eu náo durmo
Doisu perdir o meu galinho
Coitadinho   Olala
Pobrizinho   Olala
Que eu perdir la no jardim

2. Er hat schöne bunte Federn
Den Kamm trägt er stolz auf dem Kopfe
Kann gut fliegen   Olala
Kann gut picken   Olala
Und ruft Kiririkiki

2. Ele e branco e a marello
Teu a crista vermelhinha
Bate as asas   Olala
Abre o bico   Olala
Ele faz Quiririquiqui

3. Überall im Mato Grosso
Amazonas und in Pará
Hab gesucht   Olala
Ihn gefundenen   Olala
Ganz weit weg in Ceará

3. Ja rodei em Mato Grosso
Amazonas e Pará
Encontrei   Olala
Meu galinho   Olala
No sertao do Ceará

FIESTAS – DIE FESTE LATEINAMERIKAS

"In unseren traditionellen Fiestas sind Musik und Tanz die wichtigsten Elemente. Während dieser Feste danken wir unseren Göttern für all das, was sie uns gegeben haben, und für das, was wir von ihnen erhoffen. Musik und Tanz haben für uns eine sehr tiefe Bedeutung. Durch sie reflektieren wir unsere besondere Art, das Leben, das Universum und die Gemeinschaft zu sehen. Wenn wir unsere Gefühle mit Musik ausdrücken, so zeigen wir unsere Dankbarkeit in den Tänzen."

Manuel Rios Morales, Zapotec-Indianer aus Mexiko

Die Menschen in Lateinamerika verstehen es Feste zu feiern. Im Frühjahr verfolgen Millionen Menschen in vielen Ländern der Erde vor dem Fernseher den brasilianischen Karneval. Hunderttausende fliegen nach Brasilien, um den Karneval dort selbst zu erleben. Die vielen anderen lateinamerikanische Feste sind jedoch fast völlig unbekannt in Europa.

Als die Spanier und Portugiesen die Länder Lateinamerikas eroberten, brachten sie ihre eigene christliche Religion und ihre eigenen, meist christlichen Feste mit in die ‚Neue Welt'. Die Ureinwohner und die afrikanischen Sklaven übernahmen in weiten Teilen die christliche Religion, veränderten sie jedoch überall mehr oder weniger stark durch ihre eigenen Traditionen, Rituale und Gebräuche.
Im Alltag und in den Festen der Nachkommen der Maya in Guatemala und Mexiko zum Beispiel spielt die Religion nach wie vor eine zentrale Rolle – die alte, traditionelle Religion vermischt mit dem Katholizismus. Das christliche Kreuz findet sich im kreuzförmigen Weltenbaum der Maya wieder. Das kreuzweise Schwenken der

Weihrauchgefäße während der Messe würdigt das Kreuz, aber auch die vier heiligen Himmelsrichtungen. Bei den Prozessionen sind die Heiligenfiguren indianisch gekleidet und mit Spiegeln geschmückt, dem Symbol für die Ahnen und göttlichen Kräfte.
In den letzten Jahren ist eine allgemeine Rückbesinnung auf die Werte und Rituale der überlieferten Maya-Religion deutlich zu beobachten. Die Schamanen, die mit den Schutzgeistern, den Nagual, in Verbindung treten können, werden häufiger aufgesucht. Sie spielen bei Heilungszeremonien eine große Rolle. Aber auch im Alltag sind traditionelle Rituale gang und gäbe. Die Menschen begrüßen am Morgen die Sonne, danken dem Tag für sein Kommen, segnen das Brennholz vor dem Feuermachen.

Fiestas sind weit mehr als Dorffeste. Sie werden aufgrund ihrer tiefen religiösen Bedeutung intensiv vorbereitet. Die Fiestas orientieren sich an zwei verschiedenen Kalendern. Der eine wird bestimmt durch die im jährlichen Zyklus auftretenden und für die Bauern wichtigen Ereignisse wie Aussaat und Ernte. Der andere richtet sich

33

nach den Feiertagen der katholischen Kirche und den Tagen der Heiligen.

Während der Fiestas wird nicht nur gefeiert – die sozialen Zusammenhänge der Gemeinschaft werden erneuert, gestärkt und gefestigt, Natur und Naturgewalten als Teil des Lebens geehrt. Trotzdem sind die wichtigsten Feste in Lateinamerika die christlichen Feiertage: Weihnachten, das Neujahrsfest, Karneval, Ostern, Allerheiligen. Doch werden diese Feste an vielen Orten anders gefeiert als bei uns.

Allerheiligen heißt in Mexiko der ‚Tag der Toten'. In ihm verbindet sich ein uraltes Fest aus der Zeit der Azteken und sogar der Völker, die vor den Azteken in Mittelamerika lebten, mit dem besinnlichen christlichen Feiertag.

Der Karneval ist in den Großstädten des Kontinents ein Riesenspektakel, das Hunderttausende aus der ganzen Welt in die Metropolen wie Rio und Salvador de Bahia lockt. In den ländlichen Gegenden wird der Karneval folkloristischer gefeiert. Die Kostüme, Masken und Tänze beziehen sich auf historische Ereignisse oder alte religiöse Gebräuche.

An den Patronats-Tagen, an denen Ortschaften ihren Namensheiligen feiern, spielen Tänze eine große Rolle. Viele haben einen religiösen Hintergrund, andere zeigen wichtige historische Ereignisse. Die Eroberung durch die Spanier spielt in fast allen Tänzen eine große Rolle. Die Tänzer überzeichnen in ihren komischen Bewegungen und mit der Hilfe von ironisch gestalteten Masken die europäischen Eindringlinge: Teufelstänze beschwören die Geister der Unterwelt in Erinnerung an die Sklavenarbeit, die Indianer und Schwarze in den Bergwerken leisten mussten.

Stierkampf-Tanzspiel

Beim ‚Danza de los Vaqueros' oder dem ‚Baile de Toros' spielen indianische Tänzer den bei den Spaniern so beliebten Stierkampf. Dabei trägt der Stiertänzer eine gehörnte Maske. Zum großen Vergnügen des Publikums gewinnt der Stier jeden Kampf gegen seine als spanische Toreros verkleideten Widersacher in glänzenden Gewändern und bleichen Masken mit gezwirbelten Schnurrbärten.

Material:
für den Stier: dunkle Kleidung, 1 Umhang oder Poncho (S. 68), 1 Stiermaske (S. 35);
für jeden Torero: bunte glänzende Kleidung, Holzschwert, rotes Tuch, Maske von Herrn Castaneda (S. 113)
Musik: Die Kakerlake (S. 98, ◉ 21)
Alter: ab 5 Jahren

Ein Kind verkleidet sich als Stier, alle anderen als Toreros.

Mehrere Toreros tanzen um den Stier herum und reizen ihn abwechselnd mit dem roten Tuch.

Dabei hält ein Kind sein Tuch in Stierkämpfermanier an der ausgestreckten rechten und mit der angewinkelten linken Hand in Brusthöhe neben sich.

Der Stier wird durch das rote Tuch wütend und versucht es mit den Hörnern zu treffen. Kommt der Stier angerannt, zieht der Torero geschickt das Tuch zur Seite, so dass der Stier ins Leere läuft. Allerdings stellt sich der Torero mit seinem Schwert sehr ungeschickt an. Er schwingt es lediglich theatralisch durch die Luft, ohne dass es ihm je gelingt den Stier zu treffen.

Ein nächstes Kind reizt den Stier mit seinem Tuch...

Da die Indianer dieses Tanzspiel aufführen, um sich über die Spanier lustig zu machen, gewinnt am Ende natürlich der Stier. Und so wirft dieser nach einigen missglückten Versuchen die Toreros samt Holzschwert pantomimisch einfach mit den Hörnern um.

Hinweis: Während des Spiels sollen alle Bewegungen so komisch und überzeichnet wie möglich aussehen. Die gesamte Handlung wird eher langsam gespielt, damit im Eifer des Spiels nicht wirklich ein Kampf entsteht. Auch berührt der Stier den Torero nicht wirklich mit seinen Hörnern. Eine vorher verabredete Geste reicht, damit Stier und Torero wissen: Das Spiel ist aus.

Hinweis zur Musik: Um den komischen Charakter und die lebhafte Stimmung dieses Tanzes zu unterstreichen eignet sich besonders das Lied „Die Kakerlake".

Stiermaske

Material: 2 Bögen schwarzes oder braunes Tonpapier (DIN A4), Klebstoff, Locher, Verstärkungsringe, Hutgummi, Schere, Schminke
Alter: ab 6 Jahren

Die beiden Bögen Tonpapier jeweils zu einer spitzen Tüte rollen und festkleben. Der Tütenrand läuft an einer Seite spitz zu. 0,5 cm über dieser Spitze und gegenüber an der runden Seite jeweils mit dem Locher ein Loch ausstanzen. Alle Löcher von beiden Seiten mit Verstärkungsringen versehen.
Die beiden Hörner miteinander verbinden: Das Hutgummi durch die beiden Löcher der runden Randseiten ziehen, die Hörner so weit auseinander schieben, dass ca. 10 cm Gummi dazwischen ist. Das Gummi an beiden Löchern fest verknoten. Durch die beiden äußeren Löcher ebenfalls ein Hutgummi ziehen, die Hörner auf den Kopf des Kindes setzen, das Hutgummi unter dem Hals auf die passende Länge ziehen und ebenfalls fest verknoten.

Das Gesicht des Stiers dunkel schminken, nur um die Augen herum rot, um ihm ein möglichst grimmiges Aussehen zu geben.
Der Stier trägt dunkle Kleidung und einen dunklen Umhang oder Poncho.

10cm

La Malinche

Dieser Tanz stammt von den Zapotec-Indianern Mexikos. Er zeigt, wie die Indianerin La Malinche die Azteken verrät, indem sie als Übersetzerin mit dem spanischen Eroberer Cortés ihr Volk verlässt. Der Pfahl symbolisiert für die Zapoteken die Sonne, die Bänder, mit denen die Kinder tanzen, die Sonnenstrahlen. Die Rasseln sind Symbole der Fruchtbarkeit, die Federn, die von Moctezuma und Malinche getragen werden, symbolisieren Macht, Autorität und Weisheit.

Material:
1. Teil: verzierte (Samt-)Kostüme und Anzüge für Mädchen und Jungen, Stroh- oder Pelzhüte, Federschmuck für zwei Kinder (S. 125), 8 verschiedenfarbige Tücher, vier lange Schals, Rasseln (s. S. 38 oder S. 60);
2. Teil: gleiche Kleidung wie beim ersten Teil, ein hoher Pfahl in der Mitte des Tanzplatzes (oder Deckenhaken, siehe Hinweis unten) an dem oben 16 verschiedenfarbige Bänder (je 6 m lang) angebracht sind
Anzahl: 8 Jungen, 8 Mädchen
Alter: ab 6 Jahren

Hinweis: Dieser Tanz wirkt besonders durch das Spiel mit den langen bunten Bändern...
Getanzt wird in der Regel um einen hohen Pfahl in der Mitte des Tanzplatzes. Für eine einfachere Umsetzung können die Bänder auch mit einem Haken an der Decke des Tanzraumes oder draußen an einem Baum o. Ä. angebracht werden. Wichtig ist, dass die Bänder lang genug sind, damit die Kinder sich mit ihnen beim Tanz bewegen können.

Hinweis zur Musik: Dieser Tanz kann z. B. zu der Musik „Taino Tee" (aus: Pit Budde u. a., Fliegende Feder S. 34, ◉ 6) getanzt werden.

Die Tänzer und Tänzerinnen tragen schöne Kostüme, dazu Stroh- oder Pelzhüte. Die Kleidung ist mit Perlen, Pailletten, Spitze, Ketten und Stoffstreifen geschmückt. Der Junge und das Mädchen, die den Azteken-Herrscher Moctezuma und Malinche darstellen, tragen einen sorgfältig gestalteten Kopfschmuck aus Federn und sind so während des Tanzes als besondere Figuren zu erkennen.

Der Tanz wird in zwei Szenen aufgeführt.

1. Szene:
1. Die acht Mädchen stellen sich in zwei Reihen voreinander auf und tanzen aufeinander zu und wieder voneinander weg. Dabei winken sie mit Tüchern in verschiedenen Farben.
2. Dann tanzen die Reihen in die jeweils entgegengesetzte Richtung des Tanzplatzes und anschließend wieder langsam ins Zentrum.
3. Vier Mädchen haben lange Schals um die Hüften gebunden, die sie jetzt lösen und ein Ende der Tänzerin gegenüber reichen.
4. Beide Reihen tanzen weiter, sind aber jetzt durch die Schals miteinander verbunden. Sie kreuzen ihre Positionen, wobei die Schals sich verdrehen und die Kinder einen Kreis bilden.
5. Während die Mädchen weiter tanzen, verändern sie ihre Positionen kreuz und quer, um die Schals weiter zu verdrehen und dadurch den Kreis zu verkleinern.

6. Dann tanzen die Mädchen im Uhrzeigersinn im Kreis, danach in der entgegengesetzten Richtung.

7. Zum Abschluss wiederholt sich der gesamte Tanz in umgekehrter Reihenfolge, bis die Mädchen wieder in ihren ursprünglichen Positionen tanzen.

8. Haben die Mädchen ihren Teil des Tanzes beendet, gehen sie zur Seite.

9. Die Jungen erscheinen. Sie drehen sich und hüpfen aufeinander zu und wieder auseinander. Dabei halten sie Rasseln in den Händen, mit denen sie den Rhythmus begleiten.

10. Die Mädchen erscheinen wieder. Jungen und Mädchen bauen sich in zwei Reihen voreinander auf.

11. Sie tanzen in einer Art Hüpfschritt, verweben sich, drehen sich umeinander und bilden schließlich Paare, die sich im Tanz wieder auflösen, um erneut zwei Reihen zu bilden.

12. Der Tanz ähnelt einer Quadrille, denn jedes Paar tanzt am Ende durch die Mitte der beiden Reihen.

2. Szene:

Im zweiten Teil tanzen die 16 Jungen und Mädchen langsam in einer Reihe um einen Pfahl (ähnlich unserem Maibaum), an dem oben 16 lange, bunte Bänder befestigt sind und herabhängen.

Die TänzerInnen nehmen jeweils mit der linken Hand ein buntes Band auf und tanzen, indem sie im Rhythmus bei jedem Schritt vor dem Aufsetzen des Fußes erst die Fußspitze etwas weiter vorn auf den Boden setzen und über den Boden etwas zu sich heranziehen.

Nach einer Weile wechselt die Tanzrichtung; jetzt halten die Kinder die Bänder in der rechten Hand. Die Jungen nutzen wieder ihre Rasseln.

(Wird die Musik selbst gespielt und nicht von der CD, wird das Tempo der Musik nach und nach erhöht und der Tanz wird schneller.)

Die TänzerInnen drehen sich umeinander, so dass die einfarbigen Bänder zu einem vielfarbigen Band verdreht werden.

Damit endet der Tanz.

Rasseln aus Walnüssen

Material: einige Walnüsse, Messer, Reis, Klebstoff
Alter: ab 3 Jahren (mit Hilfe eines Erwachsenen)

Die Walnüsse vorsichtig mit einem Messer öffnen und den Kern herausnehmen.
Eine Schalenhälfte mit etwas Reis füllen. Den Schalenrand mit Klebstoff bestreichen und beide Schalenhälften wieder zusammensetzen.
Die Klebenaht gut trocknen lassen, bevor die Kinder mit der Walnuss rasseln.

Recycelte Rasseln

Material: 1 kleine geschlossene Konservendose (Dosenmilch), 1 Metalldorn, evtl. Schraubenzieher, Holzstab (15 cm lang, ca. 1 cm Durchmesser), Reis (Linsen oder Maiskörner), Nägel, Hammer, Klebeband
Alter: ab 6 Jahren

Mit dem Metalldorn in die Mitte des Dosendeckels ein Loch bohren.
Das Loch vorsichtig mit dem Dorn oder dem Schraubenzieher auf den Durchmesser des Holzstabes bringen.
Die Flüssigkeit abfließen lassen, die Dose gründlich von innen reinigen und trocknen lassen.
In die innen wieder trockene Dose etwas Reis, einige Linsen oder Maiskörner einfüllen. Den Holzstab durch die Öffnung bis auf den Dosenboden schieben und dort von außen durch den Boden mit einem Nagel festnageln.
Den Stab um die Öffnung zusätzlich mit Klebeband stabilisieren und dabei eventuelle Ritzen mit überkleben.

Buenos Días

• 19

trad., dt. Text: Pit Budde

Gu-ten Tag, mein Herr Gon-za-les, Man-dan-di-run di-run dan. Was
wün-schen Sie mein Freund? Man-dan-di-run di-run dan. Ich wünsch
ei-ne von ih-ren Töch-tern. Man-dan-di-run di-run dan. Wel-che
möch-ten Sie denn ha-ben? Man-dan-di-run di-run dan.

Guten Tag, mein Herr Gonzales
Mandandirun dirun dan.

Was wünschen Sie, mein Freund?
Mandandirun dirun dan.

Ich wünsch eine von ihren Töchtern
Mandandirun dirun dan.

Welche möchten Sie denn haben?
Mandandirun dirun dan.

Die Schönste, ja von allen
Mandandirun dirun dan.

Wie wirst du das Mädchen rufen?
Mandandirun dirun dan.

Ernestina soll sie heißen
Mandandirun dirun dan.

Nein, das ist kein schöner Name
Mandandirun dirun dan.

Buenos días, Su Señoría.
Mandandírun dírun dan.

Qué quería Su Señoría?
Mandandírun dírun dan.

Yo quería a una de sus hijas.
Mandandírun dírun dan.

A cuál de ellas quiere usted?
Mandandírun dírun dan.

Yo quería a la más bella.
Mandandírun dírun dan.

Y qué nombre le pondremos?
Mandandírun dírun dan.

Le pondremos Ernestina
Mandandírun dírun dan.

Ese nombre no me agrada
Mandandírun dírun dan.

Colorina soll sie heißen
Mandandirun dirun dan.

Das ist auch kein schöner Name
Mandandirun dirun dan.

Schöne Blume soll sie heißen
Mandandirun dirun dan.

Ja, das ist ein schöner Name
Mandandirun dirun dan.

Ja, dann lasst uns alle tanzen
Durch das ganze schöne Dorf

Le pondremos Colorina
Mandandírun dírun dan.

Ese nombre no me agrada
Mandandírun dírun dan.

Le pondremos Linda Flor
Mandandírun dírun dan.

Ese nombre sí me agrada
Mandandírun dírun dan.

Nos daremos la vuelta entera
Hasta el fin de la ciudad.

Galopa – Flaschentanz

Dieser Flaschentanz wird vor allem von den Mädchen getanzt. Zum schnellen Rhythmus der Musik tanzen sie mit einer Flasche auf dem Kopf. Natürlich geht es darum zu zeigen, wer am geschicktesten ist, wer schwierige Tanzschritte vollführen kann, ohne dass dabei die Flasche auf den Boden fällt.
Die noch ungeübten Kinder bei uns sollten für den Tanz statt den Glasflaschen Konservendosen oder Joghurt-Becher benutzen, die zur Hälfte mit Sand gefüllt sind.

Musik: Buenos Días (● 19)
Material: pro TänzerIn eine zur Hälfte mit Sand gefüllte Dose (Konservendose, Joghurt-Becher)
Alter: ab 4 Jahren

Die Kinder bilden einen Kreis und stellen sich vorsichtig die halb mit Sand gefüllten Dosen oder Becher auf den Kopf.
Zur langsamen Musik schreiten sie im Takt im Kreis herum.
Nach einer Weile löst sich ein Kind aus dem Kreis und zieht die anderen in Schlangenlinien hinter sich her.
Zum Ende des Tanzes formieren sich die Kinder wieder im Kreis, heben die Dosen vorsichtig von den Köpfen und gehen auf ihre Plätze zurück.

Lied von den Keksen

23
trad., dt. Text: Pit Budde

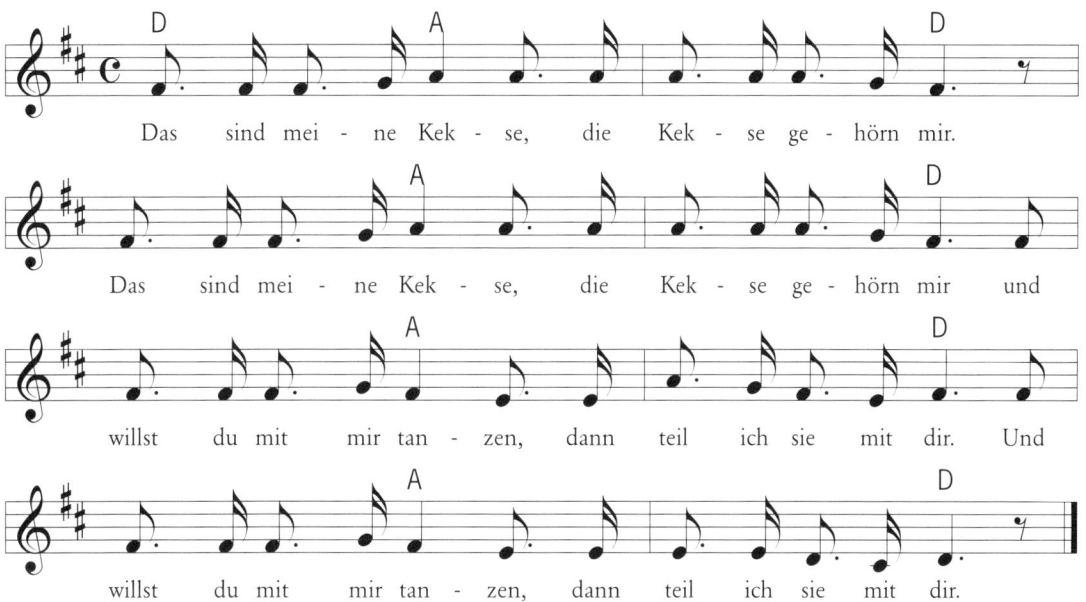

Das sind mei - ne Kek - se, die Kek - se ge - hörn mir.

Das sind mei - ne Kek - se, die Kek - se ge - hörn mir und

willst du mit mir tan - zen, dann teil ich sie mit dir. Und

willst du mit mir tan - zen, dann teil ich sie mit dir.

Esta é a minha bolacha,
esta bolach é a minha
Esta é a minha bolacha,
esta bolach é a minha
Se queres dançar comigo
Dou-te uma das que tinha
Se queres dançar comigo
Dou-te uma das que tinha

Estas son mis galletas
me las quieren quitar
Estas son mis galletas
me las quieren quitar
Si bailas tu conmigo
No me las quitaran
Si no bailas conmigo
Me las quitaran

El Costillar

Dieser Tanz „El Costillar" (Die Rippe) stammt aus Chile.

Musik: Lied von den Keksen (23)
Material: leere Flaschen
Alter: ab 3 Jahren (ab 5 Jahren)

Mehrere leere Flaschen im Abstand von einem Meter in einer geraden Reihe auf den Boden stellen.
Ein Kind tanzt zum Rhythmus der Musik in einem Slalom um die Flaschen herum.
Ist es bei der letzten Flasche angelangt, tanzt es rückwärts – ohne sich umzuschauen – den gleichen Weg zurück.
Die Musik wird nach und nach immer schneller. Dadurch wird e natürlich schwieriger um die Flaschen um zu tanzen, ohne eine von ihnen umzustoßen.
Fällt dem tanzenden Kind eine der Flaschen um, wird es vom nächsten Kind abgelöst...

... für Fortgeschrittene

Ältere Kinder üben den Tanz mit dem passenden Tanzschritt: Dazu verschränken sie ihre Hände hinter dem Rücken und zählen beim Tanz:

und 1 und 2 und 1 und 2...
Auf
und: den linken Fuß einen Schritt nach vorne schieben (schlurfen)
1: auftreten
und: den rechten Fuß über den Boden nachziehen
2: auftreten ...

Der Rückweg um die Flaschen herum wird natürlich rückwärts geschlurft!

Kreistanz

Material: 4 Ein-Ton-Bambuspfeifen (s. u.), 2 Handtrommeln mit Schlägeln, beliebige Verkleidungen und Masken (s. Vorschläge im Buch) für jedes Kind
Alter: ab 4 Jahren (mit Hilfe)

Sechs Kinder sind MusikerInnen: Zwei Kinder bekommen eine Handtrommel mit Schlägel, die vier anderen je eine Bambuspfeife.
Die beiden TrommlerInnen geben den Rhythmus im 4/4-Takt an.
Die Kinder mit den Pfeifen spielen ihre Töne nacheinander, so dass jedes Kind mit seinem Ton nur auf eine bestimmte Viertelnote im Takt bläst.

Die übrigen Kinder tragen für lateinamerikanische Tänze charakteristische Verkleidungen mit Masken und bilden einen Kreis.
Sie tanzen im Stampfschritt zur Musik im Kreis herum.
Geben die TrommlerInnen durch lauten Zuruf ein Zeichen, wechselt der Kreis die Richtung und tanzt entgegengesetzt weiter...

Ein-Ton-Bambuspfeifen

Material: Bambusstöcke, Säge, Schmirgelpapier
Alter: ab 4 Jahren (mit Hilfe)

Die Bambusstöcke oberhalb der Knoten in unterschiedlich lange Stücke sägen und mit dem Schmirgelpapier glatt schmirgeln. Die Pfeifen über den Rand wie bei einer Querflöte anblasen.

DER KARNEVAL IN BRASILIEN

Oft erscheint es uns, als wäre das Karnevalsfest eine brasilianische Erfindung, so bunt, vielfältig, lebendig und ausgelassen sind die Feiern. Doch der Karneval kam erst mit den europäischen Einwanderern nach Lateinamerika. Sie waren aus ihren Heimatländern gewohnt, an den Tagen vor der christlichen Fastenzeit noch einmal ausgiebig zu feiern, viel zu essen, viel zu trinken und sich so richtig auszutoben. Auch waren es Tage, an denen die ‚Narren‘ die Obrigkeit verspotten und kritisieren durften, ohne gleich dafür bestraft zu werden.

Der Name ‚Karneval‘ stammt aus dem Lateinischen: ‚Carne Vale‘ bedeutet so viel wie ‚Fleisch, lebe wohl‘, denn in der auf den Karneval folgenden Fastenzeit durfte vier Wochen lang kein Fleisch mehr gegessen werden.

Der Karneval in Brasilien begann sich Anfang des 19. Jahrhunderts eigenständig zu entwickeln. Die vornehmen europäischen Familien veranstalteten Maskenbälle in ihren Häusern. Je näher der Aschermittwoch kam, desto ausgelassener feierten die Menschen. Sie zogen durch die Straßen, bespritzten sich mit Wasser, bestäubten sich mit Mehl, kippten aus den Häusern Eimer voller Wasser auf die Feiernden. Als die Feiern im Karneval immer unkontrollierbarer wurden, versuchte die Obrigkeit den Karneval zu verbieten, doch niemand achtete darauf. Schließlich wollte die Polizei den Karneval zumindest besser unter Kontrolle bringen und so entstanden die ersten organisierten Karnevalsclubs. Sie zogen während der Feiern mit ihren festlich geschmückten Wagen und Musikgruppen durch die Stadt.

Anfangs war der Karneval ausschließlich den weißen Brasilianern vorbehalten. Als dann im Laufe des 19. Jahrhunderts die Sklaverei abgeschafft wurde, bildeten sich bald die ersten Karnevalsvereine der schwarzen Brasilianer. Ihre Mitglieder zogen von nun an in afrikanischer Kleidung, begleitet von Trommelensembles, tanzend durch die Straßen.

Heute ist der brasilianische Karneval weltberühmt. Hunderttausende Touristen strömen jedes Jahr in das Land, um dieses gewaltige Spektakel hautnah miterleben zu können. Der Karneval beginnt hier zur gleichen Zeit wie in Deutschland, doch in Brasilien geht zu dieser Jahreszeit gerade der Sommer zu Ende.

Einige Tage vor Rosenmontag überreicht der Bürgermeister dem Rei Momo, dem Herrscher über den Karneval, die Schlüssel der Stadt. Am Freitag dann kommen die Karnevalsvereine aus ihren Vierteln in die Stadtmitte. Allein in Salvador gibt es 100 verschiedene Gruppen, die in den nächsten Tagen tanzend und musizierend durch die Straßen ziehen.

Am Sonntag gehört dann die gesamte Stadt den Kindern mit ihren farbenfrohen Kostümen, ihren Trommeln und Tänzen.

In jedem Viertel gibt es eigene Samba-Schulen, in denen die Kinder kostenlos Trommeln, Tanzen und Singen lernen können. Hier bereiten sich die Kinder (und auch die Erwachsenen) das ganze Jahr auf den Karneval vor: Sie nähen die fantasievollen Kostüme, basteln Masken und üben die Tänze für die große Samba-Parade ein. Am Aschermittwoch ist alles vorbei, genau wie auch im deutschen Karneval. Aber jedes Kind freut sich schon auf das nächste Jahr. Dann ist wieder Karneval und dieses Mal bestimmt noch bunter, schöner, größer und wilder als je zuvor!

Das Fest der kleinen Hunde

Text & Musik: Xuxa
dt. Text: Pit Budde

Wau, wau, wau, das Haus ist bre - chend voll. Das
Fest der klei - nen Hun - de fin - den al - le Kin - der toll. Der
Da - ckel bringt die Fans. Der Col - lie fährt im Benz. Der
Misch - ling geht zu Fuß und der Spitz färbt sich mit Ruß Der
Pu - del hat's ge - ro - chen. Der Ein - tritt ist ein Kno - chen. Die
Hun - de - par - ty geht gleich los. Da ist die Freu - de groß.

Au, au, au alegria foi geral
O faro da cachorrada
Esquentou, ficou legal

Veio podle de Mercedes
Vira-lata de fuscão
Todo mundo se cocava
Com as pulgas no salão
Pra entrar custava um osso
Preço de liquidacao
Quem tem vida de cachorro
Não pode ter inflação.

Wau, wau, wau, ...

Das Pfötchen rechts nach vorn
Das Pfötchen links zurück
Jetzt wedelt mit dem Schwanz
Ja, das bringt allen Glück
Dann drehen wir uns im Kreis
Die Pfötchen in der Luft
Ja, alle kleinen Hunde tanzen
Wenn der Collie ruft

Wau, wau, wau, ...

So, Kinder, wir sind in Brasilien gelandet. Brasilien ist das größte Land in Lateinamerika. Und wisst ihr was? Brasilien ist mein Heimatland. Aber wir sind noch weit, weit entfernt vom Regenwald gelandet, wo meine Verwandten wohnen. Die werde ich euch später noch vorstellen. Jetzt besuchen wir erst einmal die Kinder einer Samba-Schule, die gerade mit ihren Instrumenten proben.

Das Wort ‚Samba‘ stammt aus der Sprache des Kimbundu-Volkes in Angola. Es bedeutet soviel wie ‚mit der Hüfte schwingen‘. Probiert das doch einfach mal aus! In vielen Wohnvierteln der brasilianischen Städte gibt es Samba-Schulen. Jede hat ihren eigenen Namen und ihre eigene Fahne.

Die Eltern der meisten Kinder könnten niemals den Unterricht in einer Musikschule bezahlen. In der Samba-Schule lernen die Kinder zusammen zu musizieren und zu tanzen und sie brauchen nichts dafür zu bezahlen.

Etwas ganz Tolles sind die vielen Rasseln und Trommeln in der Samba-Schule. Die Kinder lieben diese Instrumente und lernen ganz schnell, dass sie besonders schön klingen, wenn eine ganze Gruppe damit gemeinsam musiziert. Jedes Kind übernimmt dabei nur einen kleinen Teil, der allein oft gar nicht so schwer zu spielen ist. Wenn aber alle Instrumente dann zusammen klingen, ist das ein richtiges Orchester!

Sambalélé

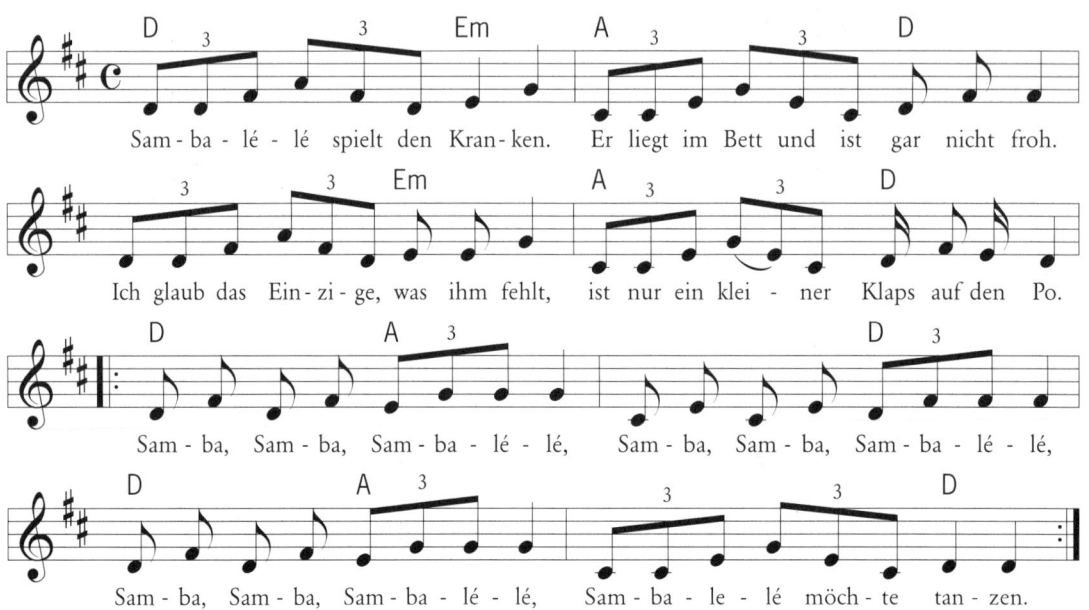

trad., dt. Text: Pit Budde

3

Sam - ba - lé - lé spielt den Kran - ken. Er liegt im Bett und ist gar nicht froh.

Ich glaub das Ein - zi - ge, was ihm fehlt, ist nur ein klei - ner Klaps auf den Po.

Sam - ba, Sam - ba, Sam - ba - lé - lé, Sam - ba, Sam - ba, Sam - ba - lé - lé,

Sam - ba, Sam - ba, Sam - ba - lé - lé, Sam - ba - le - lé möch - te tan - zen.

1. Sambalélé spielt den Kranken
Er liegt nur im Bett und ist gar nicht froh
Ich glaub das einzige was ihm fehlt
Ist nur ein kleiner Klaps auf den Po

Refrain:
Samba, Samba Sambalélé
Samba, Samba Sambalélé
Samba, Samba Sambalélé
Sambalélé möchte tanzen

2. „Ach du mein hübsches Mädchen
Sag mir, kann ich dich wiedersehen"
„Ich wohn dort am schönen Strand
Da können wir ja spazieren gehen"

Refrain:
Samba, Samba Sambalélé...

1. Sambalélé esta doente,
Ésta com a cabeça quebrada,
Sambalélé precisava
É de umas boas lambadas

Refrain:
Samba, Samba Sambalélé
Samba na barra da saia, olele
Samba, Samba Sambalélé
Samba na barra da saia

2. "Oh mulatas bonitas
Onde que você mora?"
„Moro na praia formosa
Onde dalí nunca saio."

Refrain:
Samba, Samba Sambalélé...

Die Samba-Schulen

In den Großstädten Brasiliens ist der Höhepunkt des Karnevals der Umzug der Samba-Schulen. Ein ganzes Jahr lang bereiten sich viele tausend Mitglieder der Schulen, Kinder und Erwachsene, auf den Karneval vor. Sie schneidern Kostüme, gestalten die prächtigen Umzugswagen, üben Lieder und Tänze ein. Der Umzug ist gleichzeitig ein Wettkampf der Samba-Schulen. Die Beste von allen erhält einen Preis und dazu Geld von der Regierung, um sich auf das nächste Jahre noch besser vorbereiten zu können. Jede Schule will natürlich gewinnen. Alle denken sich für die Parade ein eigenes Thema aus, mit einer Geschichte, passenden Liedern und Tänzen. Die Kostüme, der Schmuck, die Musik – alles wird auf dieses Thema abgestimmt.

Fahne einer Samba-Schule

Material: 1 Stück Stoff (ca. 60 x 40 cm), Textilklebstoff, Textilfarbstifte oder verschiedenfarbige Stoffreste und Schere, 1 Stock von 1 m Länge
Alter: ab 6 Jahren

Das Stoffstück an den beiden Längsseiten und an einer Querseite 1 cm umschlagen und den Saum festkleben.
Eines der vorgeschlagenen Muster (oder ein eigenes) auf den Stoff übertragen.
Die Flächen mit den Farbstiften ausmalen oder mit passend ausgeschnittenen, farbigen Stoffstücken bekleben.
Das obere Ende des Stocks (entsprechend der Fahnenhöhe) mit Klebstoff versehen und die nicht umsäumte Seite der Fahne herumwickeln. Die Klebestelle mit einem Buch beschweren und den Kleber gut trocknen lassen.
Mit einem Farbstift den Namen der Samba-Schule auf die Fahne malen, z. B. ‚Mango-Schule' oder ‚Papaya-Schule'...

Kostüme und Masken

Batik-Hemd als Karnevals-Kostüm

Einfache T-Shirts können die Grundausstattung für viele Verkleidungen sein und – mit passenden Farben und Mustern versehen – an die unterschiedlichsten Zwecke angepasst werden.

Material: 1 großes weißes T-Shirt (L oder XL), Glasmurmeln, Woll- oder dicken Bindfaden, große Nähnadel und Schere, Eimer oder große Schüsseln, Batikfarbe in Rot, Blau und Grün, Wasser, Rührlöffel
Alter: ab 4 Jahren (mit Hilfe eines Erwachsenen)

Es gibt viele Möglichkeiten ein T-Shirt zu batiken. Hier sind drei einfache Methoden:
- Das T-Shirt an verschiedenen Stellen zusammenknoten, z. B. an den Ärmeln, am Vorder- und Rückenteil;
- Glasmurmeln auf das T-Shirt legen und mit einem Bindfaden fest abbinden;
- Muster mit der Nähnadel und dem Bindfaden auf das T-Shirt nähen: Kreise, Quadrate, Dreiecke, Linien oder Figuren.

In den Eimern oder Schüsseln die Batikfarben nach Beschreibung des Herstellers ansetzen.
Jedes T-Shirt in ein anderes Farbbad legen und während der nächsten 15 Minuten öfter mit dem Rührlöffel hin und her bewegen.
Die T-Shirts aus dem Farbbad nehmen und so lange in klarem Wasser ausspülen, bis keine Farbe mehr ausläuft.

Die Fäden vorsichtig mit der Schere auftrennen und herausziehen bzw. die Knoten lösen. Danach die T-Shirts zum Trocknen aufhängen.
Hinweis: Die Farben nach Anweisung des Herstellers fixieren.

Papiertütenmaske

Material: große, braune Papiertüte, Schere, Farbstifte, Stoff- und Wollreste, Klebstoff
Alter: ab 4 Jahren

Die Tüte über den Kopf ziehen und mit einem Stift die Höhe von Augen und Nase markieren.
Die Tüte vom Kopf nehmen und Augenlöcher und Nasenloch ausschneiden.
Augenbrauen, Haare und Mund auf die Maske malen und zusätzlich mit Stoff- und Wollresten verzieren.

Indianermaske

Material: 1 Bogen weißer Tonkarton (DIN A3), Schere, Farbstifte, Verstärkungsringe, Hutgummi
Alter: ab 4 Jahren (mit Hilfe)

Die Maske passend vergrößert auf den Tonkarton übertragen und ausschneiden. Dabei sollte das Maskengesicht vom Kinn bis zum Beginn des Stirnbandes etwa 20-22 cm lang sein.
Wie vorgegeben oder nach eigener Fantasie anmalen.
In die Mitte der ‚Augen‘ zwei Sehschlitze schneiden.

Die Nase entlang der gestrichelten Linie aufschneiden.

An den Seiten zwei Löcher durchstechen und mit den Verstärkungsringen versehen. Das Hutgummi mit einem Ende am ersten Loch verknoten, an die Kopfform des Kindes anpassen und das andere Ende am zweiten Loch verknoten.

Karnevalsmaske

Material: 1 Bogen Tonpapier in beliebiger Farbe (DIN A4), Schere, Verstärkungsringe, Farbstifte, bunte Federn, Klebstoff, Hutgummi

Alter: ab 4 Jahren (mit Hilfe eines Erwachsenen)

Die Maskenvorlage (s. Abb.) zweimal (entsprechend vergrößert) auf das Tonpapier übertragen.

Beide Masken ausschneiden und die Augenlöcher herausschneiden.

Wenn gewünscht eine Maske (Vorderansicht) bunt gestalten.

Die Federkiele auf die erste (nicht verzierte!) Maske kleben.

Die zweite (verzierte) Maske auf die erste kleben, so dass die Federn zwischen den beiden Maskenteilen hervorschauen.

An den seitlichen Markierungen zwei Löcher durchstechen und mit den Verstärkungsringen stabilisieren.

Das Hutgummi durch beide Löcher ziehen, an den Kopf anpassen und fest verknoten.

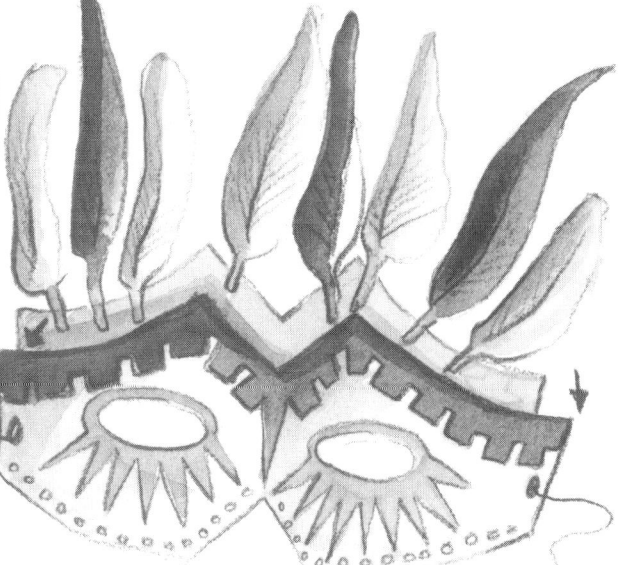

Instrumentenbau, Musik und Tanz

Die Rhythmus-Gruppe in der Samba-Schule heißt ‚Bateria de Samba'.
Besonders wichtige Instrumente sind die **Tamburins**, kleine einfellige Rahmen-trommeln, die mit nur einem Trommel-stock gespielt werden. Sie geben den Hauptrhythmus des Musikstückes vor .
Die **Repinique** ist auch eine Rahmen-trommel, die allerdings mit zwei Trom-melstöcken geschlagen wird. Die **Caixa** dagegen lässt sich in etwa mit der ‚Snare Drum' eines modernen Schlagzeug-Sets vergleichen.
Die **Surdos**, große, mit einem Schlägel gespielte Basstrommeln, markieren den Grundrhythmus des Samba.

Manchmal sind in der Bateria de Samba auch noch weitere Trommeln zu hören wie die Schellentrommel **Pandeiro** und die Stabreibtrommel **Cuica** (S. 54).
Außerdem werden verschiedene Rasseln eingesetzt sowie die Doppelglocke **Agogo**.
Der Leiter des Trommel-Ensembles spielt meist die Trillerpfeife **Apito** und leitet da-mit neue Abschnitte, Rhythmuswechsel und das Ende eines Musikstücks ein.

Trommelbau

Material: 1 Trommelkörper aus einer festen Papprolle (ca. 30 cm lang, Durchmesser mind. 20 cm), 1 Naturfell (10 cm größer als der Trommeldurchmesser), Schere, Schüssel, Wasser, Spülmittel, wasserfeste Farbe, Pinsel, Holzleim, 20 Polsternägel, Hammer, Föhn

Alter: ab 6 Jahren (mit Hilfe eines Erwachsenen)

Hinweis: Gesäuberte und getrocknete Naturfelle gibt es im Musikgeschäft oder in manchen Gerbereien. In Musikgeschäften sind die Felle schon auf bestimmte Größen zurecht geschnitten und relativ teuer. Manche Gerbereien bieten getrocknete Hirsch- oder Ziegenfelle an, die ideal für den Trommelbau geeignet sind. Aus einem Hirschfell können bis zu sechs Trommelfelle geschnitten werden. Dann liegt der Preis pro Fell bei ca. 5,- Euro.

Erster Tag:

- Das Naturfell auf die gewünschte Größe (ca. 10 cm größer als der Durchmesser des Trommelkörpers) rund zurecht schneiden und in lauwarmem Wasser mit ein wenig flüssigem Spülmittel über Nacht einweichen.
- Inzwischen den Trommelkörper mit der wasserfesten Farbe anmalen und trocknen lassen. Dabei den oberen Rand (ca. 3 cm) nicht für ein Randmuster einplanen, da er später durch das Trommelfell bedeckt wird.

Zweiter Tag:

- Den oberen Rand des Trommelkörpers außen auf einer Breite von ca. 3 cm mit Holzleim versehen.
- Das nasse Trommelfell zentral über die obere Öffnung des Trommelkörpers legen, das Fell straff über den Rand ziehen und auf den Körper kleben.
- Den ersten Polsternagel ca. 2 cm unterhalb des Randes durch das Fell in den Trommelkörper schlagen, den zweiten Nagel in die gegenüberliegende Seite. Die folgenden Nägel rundherum immer in dieser Folge einschlagen und dabei das Fell immer wieder stramm ziehen und spannen.
- Anschließend das Fell noch eine Weile am Trommelkörper herunter streichen, damit nicht allzu viele Falten entstehen und das Fell wirklich fest klebt.
- Die Trommel zum Trocknen über Nacht beiseite stellen.

Dritter Tag:

Das Fell ist in der Nacht getrocknet, hat sich zusammengezogen und gespannt. Damit ist die spezielle „Grundstimmung" der Trommel erreicht. Sie kann jetzt nur noch mit ‚Feuer und Wasser' gestimmt werden:

Klingt die Trommel zu tief, wird das Fell mit einem Föhn erwärmt – dadurch spannt es sich und der Ton wird höher.

Klingt die Trommel zu hoch, werden gleichmäßig ein paar Tropfen Wasser mit der Hand auf dem Trommelfell verteilt – das Fell entspannt sich, die Trommel klingt tiefer.

Kleiner Trommelkurs für Kinder

Es gibt verschiedene Arten die Trommel anzuschlagen und dadurch die Möglichkeit, unterschiedliche Klänge zu erzeugen. Trommeln werden mit den Händen oder aber mit Stöcken oder Schlägeln gespielt. Um die Trommel erst einmal richtig kennen zu lernen, beschränken wir uns auf das Spiel mit den Händen. Hier ein paar Schritte, um den Kindern die Trommeln näher zu bringen. Vielleicht bekommen sie anschließend Lust regelmäßig Trommelunterricht zu nehmen, der mittlerweile in vielen Musikschulen und Kulturzentren angeboten wird.

1. Übung

- Alle Kinder setzen sich in einen Kreis und halten die Trommeln leicht schräg nach vorne gebeugt zwischen den Beinen. Sie legen beide Hände auf das Trommelfell.
- Gemeinsam streichen sie jetzt abwechselnd mit der rechten und der linken Hand über das Trommelfell und erspüren so mit der ganzen Handfläche leise und sanft Struktur und Beschaffenheit des Naturfells.
- Nach einer Weile heben alle Kinder im gleichen Rhythmus ihre Hände ein wenig an und lassen sie sacht, mit den Fingerspitzen zuerst, auf das Trommelfell fallen.
- Nach und nach werden die Schläge kräftiger, die Trommeln klingen lauter. Schließlich wird die Spannung zu groß und entlädt sich in einem gemeinsamen Trommelgewitter.

2. Übung

- Die Kinder sitzen wieder im Kreis. In einer langsamen Folge schlagen die Kinder nacheinander auf ihre Trommel, bis die Reihe wieder beim ersten Kind angelangt ist.
- Bei der nächsten Runde achten die Kinder darauf, in einem gemeinsamen Rhythmus nacheinander die Trommel zu schlagen.
- Die folgende Runde wird etwas schneller gespielt.
- Gelingt dies, schlägt jedes Kind bei der nächsten Runde zweimal auf die Trommel.

Die Form lässt sich beliebig weiterführen, bis die Kinder sicher im Rhythmus spielen und jedes gelernt hat auf die anderen zu achten.

Der offene Schlag

- Mit den vier ausgestreckten und geschlossenen Fingern (ohne den Daumen) schlagen die Kinder locker und kurz auf den Rand des Trommelfells. Die Hand muss sofort wieder vom Fell gelöst werden, damit der erzeugte Ton ausklingen kann.
- Abwechselnd mit der rechten und linken Hand den Schlag langsam wiederholen, bis die Hände locker werden und ein regelmäßiger Rhythmus möglich ist.

Hinweis: Diese Übung erst einzeln mit jedem Kind durchführen, um den Schlag korrigieren zu können und dem Kind die Gelegenheit zu geben, den selbst erzeugten Ton genau zu hören. Später als rhythmische Übung mit allen Kindern gemeinsam spielen.

Der Bass-Schlag

Mit der ganzen Handfläche auf die Mitte des Trommelfells schlagen. Die Hand einen kurzen Moment auf dem Fell ruhen lassen. Es entsteht ein etwas abgedämpfter, dunkler Ton.

Hinweis: Da dieser Schlag oft als besondere Betonung eingesetzt wird, muss er kräftiger ausgeführt werden als der offene Schlag.

Gemischte Übungen

1. Mit der rechten Hand abwechselnd den Bass Schlag und den offenen Schlag spielen;
2. Rechte Hand Bass · linke Hand offen · rechte Hand offen · linke Hand offen;
3. Rechte Hand Bass · linke Hand offen · rechte Hand offen · linke Hand offen · rechte Hand offen · linke Hand offen · rechte Hand offen.

Alle Übungen so oft mit den Kindern durchspielen und wiederholen, bis sich eine rhythmische Sicherheit entwickelt.

Cuica-Trommel

Die ‚Cuica-Trommel‘ gilt in Europa als typisch lateinamerikanisches Musikinstrument. Allerdings wird ihr direkter Vorfahre, die ‚Mpuita‘, noch heute von afrikanischen Völkern in Angola und Sambia gespielt. Mit den versklavten Afrikanern kam das Instrument nach Südamerika und wurde dort ein fester Bestandteil der lateinamerikanischen Musik.

Der deutsche Name für dieses Instrument ist ‚Stabreibtrommel‘. Dieser Begriff erklärt in etwa die Besonderheiten der Cuica: Der Klang dieser einfelligen Trommel wird nicht durch das Schlagen auf das Fell erzeugt. Bei der Cuica ist in der Mitte des Trommelfells ein Stab angebracht, der im Inneren des Trommelkörpers mit der nassen Hand gerieben wird und so den Ton erzeugt.

Material: 1 fertige Trommel mit Naturfell (S. 51), 1 Bambusstock (30 cm lang, 0,3 cm dick), Säge, Bohrer, spitze Schere oder Dorn, festes Packband, 2 Holz- oder Plastikscheiben mit einem Loch in der Mitte (0,3 cm Durchmesser), 1 Stofflappen

Alter: ab 6 Jahren (mit Hilfe eines Erwachsenen)

Für die Herstellung einer Cuica benötigen wir eine einfache, aber voll funktionsfähige Trommel. Um eine Cuica daraus zu machen, sind noch ein paar Arbeitsschritte nötig:

- Den Bambusstab auf die Länge des Trommelkörpers sägen und einen Zentimeter vor dem Stockende ein Loch durch den Stab bohren.
- Vorsichtig mit einer spitzen Schere oder einem Dorn in die Mitte des Trommelfells zwei Löcher (Ø ca. 2 mm) mit einem Abstand von 0,5 cm stoßen.
- Das Packband erst durch das Loch im Bambusstock ziehen, dann beide Enden zusammen durch eine der Scheiben, wieder getrennt durch die beiden Löcher im Fell. Auf der anderen Seite des Fells beide Enden wiederum zusammen durch eines der Plättchen ziehen und darüber fest verknoten.

Gespielt werden kann die Cuica ausschließlich mit einer nassen Hand oder einem nassen Tuch:

- Die eine Hand reibt den Bambusstock im Inneren der Trommel.
- Die linke Hand hält lediglich die Trommel fest.

Berimbau

Wie die Cuica stammt auch die 'Berimbau' ursprünglich aus Afrika. Noch heute wird das Instrument in den ländlichen Gegenden vieler afrikanischer Länder gespielt. Die Berimbau hat sich vor langer Zeit aus dem Jagdbogen entwickelt. Nach dem Abschuss eines Pfeils vibrierte die Bogensehne und erzeugte einen leisen Ton. Zunächst nutzten die Menschen ihren Mund als Resonanzkörper: Sie hielten die schwirrende Sehne an den geöffneten Mund und erhöhten so die Lautstärke. Mit den Fingern oder dem Pfeil schlugen sie dabei rhythmisch auf die gespannte Sehne.
Später befestigten die Musiker eine aufgeschnittene Kalebasse als Klangkörper des Bogens. Der Ton wurde lauter und der Klang des Instruments konnte verändert werden, indem der Spieler die Öffnung der Kalebasse mit seinem Bauch schloss und wieder öffnete.
Heute schlägt der Spieler mit einem Stöckchen auf die Saite der Berimbau. Mit der Hand, die das Stöckchen hält, spielt er zusätzlich oftmals die kleine Korbrassel 'Caxixi' und erzeugt so eine eigene rhythmische Begleitung.

Material: 1 biegsamer Ast (ca. 1 m lang), etwa 1 m Metalldraht, Feile, 1 großer Joghurtbecher oder Konservendose, Schere, Zange, 1 Stöckchen (ca. 20 cm lang), evtl. 1 Baumwolltuch

Alter: ab 6 Jahren

- Je 2 cm vor den beiden Astenden ringsherum eine Kerbe feilen.
- Das eine Ende des Metalldrahtes erst an der einen Astseite um die Kerbe wickeln und fest verknoten.
- Den Stock auf den Boden stellen, etwas biegen und das andere Drahtende an der gegenüberliegenden Kerbe gespannt befestigen, so dass ein Bogen entsteht.

- Den überstehenden Draht abschneiden.
- Den Boden des Joghurtbechers rechts und links von der Mitte mit der Schere durchstoßen.
- Ein kurzes Stück Draht durch ein Loch schieben und den Becherboden zwischen Bogen-Ende und Bogen-Mitte (etwa 1/4 der Bogenlänge) an den Bogen halten.
- Den Draht von der Holzseite aus über die Drahtsaite ziehen und zurück durch das zweite Loch in den Becher.
- Im Inneren des Bechers beide Drähte mit der Zange festzurren und verknoten. Die Saite wird dabei etwas eingedrückt.
- Das Instrument lässt sich nachträglich stimmen, indem der Becher mehr zur Mitte oder an die Außenseite des Bogens gezogen wird.
- Ist das Instrument gestimmt, kann dem Becher zusätzlicher Halt am Bogen verliehen werden, indem ein Stück Baumwolltuch an der Auflagefläche des Becherbodens um den Bogen gewickelt und verknotet wird.

Spielweise:
- Den Bogen in die linke Hand nehmen und so halten, dass die Öffnung des Bechers auf den Bauch des Spielers zeigt. Die Drahtschlaufe, die Becher und Bogen miteinander verbindet, dabei zwischen Ring- und Mittelfinger halten.
- Das Schlagstöckchen mit der rechten Hand waagerecht zum Instrument halten und aus dem Handgelenk mit dem Stöckchen locker einen Rhythmus auf die Saite schlagen.
- Ein besonderer Klangeffekt entsteht, wenn die Becheröffnung abwechselnd durch den Bauch geschlossen und dann wieder geöffnet wird.

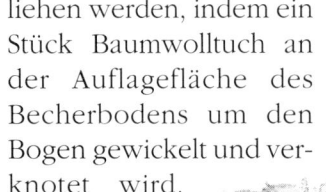

Marinheiro só!

9
trad., dt. Text: Pit Budde

„Marinheiro só!", das Lied vom Matrosen, stammt aus Brasilien. Es wird mit dem Musikbogen Berimbau begleitet. Zu diesem Lied wird die Capoeira getanzt (S. 59).

Ich komm von weit her Matrose und hab kei-ne Freun-de Mat-ro-
se Mei-ne Hei-mat ist Ba-hi-a Mat-ro-se San Sal-va-dor Mat-ro-se
Hey Mat-ro-se, hey Mat-ro-se Ma-tro-se Wo hast du schwim-men ge-lernt Ma-tro-
se War es hier im Ha-fen-be-cken Mat-ro-se O-der dra-ßen auf dem Meer Mat-ro-
se Seht nur wie er geht Mat-ro-se Schau-kelt hin und her Mat-ro-
se In sei-nem wei-ßen An-zug Mat-ro-se fällt ihm das Lau-fen schwer. Mat-ro-se

Ich komm von weit her	*Matrose*	Eu não sou d`aqui	*Marinheiro só*
Und hab keine Freunde	*Matrose*	Eu não tenho amor	*Marinheiro só*
Meine Heimat ist Bahia	*Matrose*	Eu sou da Bahia	*Marinheiro só*
San Salvador	*Matrose*	De San Salvador	*Marinheiro só*

Refrain

Hey Matrose, Hey Matrose	*Matrose*
Wo hast du schwimmen gelernt	*Matrose*
War es hier im Hafenbecken	*Matrose*
Oder draußen auf dem Meer	*Matrose*
Seht nur wie er geht	*Matrose*
Schaukelt hin und her	*Matrose*
In seinem weißen Anzug	*Matrose*
Fällt ihm das Laufen schwer	*Matrose*

Refrain

O marinheiro, marinheiro	*Marinheiro só*
Quem te ensinou a nadar	*Marinheiro só*
Foi o tombo do navio	*Marinheiro só*
Ou foi o balanço do mar	*Marinheiro só*
Lá vem lá vem	*Marinheiro só*
Como ele vem parcer	*Marinheiro só*
Todo de branco	*Marinheiro só*
Com seu bonezinho	*Marinheiro só*

Capoeira

In Brasilien ist das Spiel auf der Berimbau eng verbunden mit der ‚Capoeira', einem getanzten Kampfspiel, das die afrikanischen Sklaven während des 18. und 19. Jahrhunderts auf den Zuckerrohrplantagen Bahias entwickelten. Den Sklaven war es verboten für den Kampf zu trainieren, gegen einen Tanz hatte allerdings niemand etwas einzuwenden. So entwickelten sie einen Kampfstil, den sie als akrobatischen Tanz tarnten. Einige Jahre blieb diese Praxis den Sklavenhaltern verborgen. Doch dann bemerkten sie, dass die Capoeira mehr war als eine folkloristische Tanzvorführung. Sie wurde unter Strafe gestellt und konnte nur noch heimlich ausgeübt werden.

Heute ist die Capoeira eine Mischung aus Kampfsport und akrobatischem Tanz und wird in eigenen Vereinen praktiziert. Zur Musik des Berimbau und der Trommel ‚Atabaque' führen die Tänzer einen faszinierenden Schaukampf auf. Besonders beeindruckend sind die Passagen, wenn ein Tänzer auf den Händen stehend Tritte in das Gesicht des Gegners andeutet und dieser dem Angriff geschickt ausweicht.

Die Capoeira erfordert viel Geschick. Im Gegensatz zu Kindern wird es einem Erwachsenen kaum noch gelingen, die Capoeira perfekt zu erlernen. Für Kinder ist sie eine interessante Verbindung von Kampf und Tanz und eine gute Alternative zu den meist angebotenen Kampfsportarten.

Musik: Marinheiro só (• 9)
Material: keins
Alter: ab 6 Jahren

Bei der Capoeira gibt es keine festgelegte Reihenfolge der Schritte. Die ‚GegnerInnen' belauern sich gegenseitig und bemühen sich darum, Aktionen ihres Gegenübers sofort zu kontern.

Die Hauptschritte:
- **Ginga – der Grundschritt:** Ein wenig breitbeinig im Rhythmus der Musik vor und zurück gehen.
- **Esquiva – ein Ausweichschritt:** Mit dem Oberkörper in der Bewegung zur Seite ausweichen und den Kopf mit den Händen schützen.
- **Meia Luo De Frente – der Halbmond:** Auf einem Bein stehend mit dem anderen Bein einen Halbkreis hoch durch die Luft führen.
- **Cocorinha – ein weiterer Ausweichschritt:** Die Hände schützend über den Kopf halten und in die Hocke gehen.
- **Armada:** Die Beine zusammenhalten und dann mit einem Bein hoch in der Luft einmal um die eigene Achse drehen.

Meialu

Armada

Rhythmus-Ei

Material: 1 Plastik-Ei aus dem Bastelgeschäft, Schere, 1 Teelöffel Reis, Klebstoff und Papier oder Textilklebeband
Alter: ab 5 Jahren

Die kleine Öffnung des Plastik-Eies mit der Schere etwas ausweiten und einen Teelöffel Reis einfüllen.
Kleine Papierfetzen in Klebstoff tränken und das Loch damit oder mit einem kleinen Fetzen Textilklebeband verschließen.

Spielweise:
Das Rhythmus-Ei locker zwischen Fingern (unten) und Daumen (oben) halten und im Rhythmus mit dem ganzen Unterarm hin und her bewegen.

Maracas

‚Maracas' sind lateinamerikanische Rasseln, die bei vielen Musikstücken benutzt werden. Es gibt verschiedene Arten sie herzustellen – hier eine einfache Anleitung.

Material: 1 Styropor- oder Plastikbecher, 2 Teelöffel Reis, 1 Plastiktüte, Schere, Gummiband, Tapetenkleister, Papierschnipsel, Filzstifte
Alter: ab 3 Jahren

Zwei Teelöffel Reis in den Becher füllen. Aus der Plastiktüte ein rundes Stück schneiden, das die Öffnung des Bechers bedeckt und ca. 2 cm übersteht. Die Folie über den Becherrand stülpen und mit dem Gummiband fest verschließen.
Den Becher mit Kleister bestreichen und in mehreren Schichten Papierschnipseln darauf kleben.
Nach dem Trocknen den Becher bemalen.

Spielweise:
Die fertige Rassel locker in die rechte Hand legen. Dabei die Finger unter der Rassel ein wenig spreizen, so dass die Maraca unten nur mit den Fingerspitzen und oben mit dem Daumen gehalten wird. Beim Schütteln gleichmäßig den ganzen Unterarm (nicht das Handgelenk!) vor und zurück bewegen.

Rassel aus einer Kalebasse

Material: 1 länglicher Flaschenkürbis (wird im Herbst/Winter auf dem Wochenmarkt und manchmal in Gärtnereien angeboten), 1 langer Nagel, Faden, Säge, Steinchen, Reis, getrocknete Maiskörner oder Linsen, Klebstoff
Alter: ab 4 Jahren

Den Flaschenkürbis am dünnen Ende (Flaschenhals) mit einem langen Nagel quer durchstechen, einen Faden durch das Loch ziehen und den Kürbis an einer trockenen Stelle im Haus zum Trocknen aufhängen. Die Kalebasse ist getrocknet, wenn sie eine braune Farbe bekommen hat und das Fruchtfleisch im Inneren verschrumpelt ist. In ihrem Inneren befinden sich dann nur noch die Samen – durch Schütteln testen! Die trockene Kalebasse am ‚Stiel' durchsägen und mit Reis, Steinchen etc. zu einem Viertel füllen. Die Öffnung wieder zukleben und ein paar Stunden trocknen lassen.

Reco Reco – die Rhythmus-Ratsche

Material: 1 Stück Holz (Rundholz, Kantholz, Teil eines Besenstiels o. Ä., ca. 30 cm lang), Holzraspel, Holzfeile, Schmirgelpapier, 1 dünnes Stöckchen (ca. 10 cm lang)
Alter: ab 6 Jahren

In regelmäßigen Abständen von ca. 1 cm erst mit der Raspel, dann mit der Feile das Holzstück in einer Reihe einkerben.

Mit dem Schmirgelpapier nachbearbeiten und das Stöckchen ebenfalls glatt schmirgeln.

Spielweise:
Das Instrument mit der linken Hand waagerecht halten, mit der rechten das Stöcken im Rhythmus vor und zurück über die Ratsche streichen.

Cai Cai Balão

🔘 5

trad., dt. Text: Pit Budde

„Cai Cai Balão“ ist ein Lied der ganz kleinen Kinder in Brasilien. Die Kinder sollen nicht hinter einem schönen Luftballon her laufen, der gerade über die Straße fliegt, ganz gleich, wie gerne sie ihn fangen möchten. Sie sollen lernen in der Stadt mit den vielen Autos an der Hand der Eltern zu bleiben.

Flieg her Ballon	Cai, cai, balão
Flieg her Ballon	Cai, cai, balão
Komm, flieg in meine Hand	Aqui na minha mão
Ich lauf nicht weg	Nao vou lá
Ich lauf nicht weg	Nao vou lá
Ich bleib an deiner Hand	Nao vou lá
	Tenho medo de agranhar

DAS LEBEN IN DEN ANDEN

Das Gebirge der Anden zieht sich am westlichen Rand Südamerikas durch die Länder Kolumbien, Ecuador, Peru, Bolivien, Argentinien und Chile. Der Karneval in den Anden unterscheidet sich sehr von dem in Europa besonders berühmten brasilianischen Karneval. Er ist viel folkloristischer und weniger spektakulär.

Heute ist der traditionelle Karneval vor allem in den ländlichen Gegenden zu finden. Zahlreiche TänzerInnen ziehen in farbenprächtigen Kostümen durch die Wohnviertel. Musikgruppen mit Instrumenten der Anden wie Flöte und Trommel, aber auch mit Geigen, Gitarren und Blasinstrumenten begleiten die Tänzerinnen und Tänzer.

In den Bergen wird nicht mit Bonbons oder Konfetti geworfen, sondern mit Wasser. Wer zu nah an einer Häuserfront entlang geht, muss immer damit rechnen, einen Eimer Wasser über den Kopf geschüttet zu bekommen. Das ist in der Kälte des Hochgebirges nicht gerade eine angenehme Erfrischung. In manchen Orten haben die Behörden das Werfen mit Wasser abgeschafft. Hier finden große Feste mit Früchten, Blumen, Tänzen und folkloristischen Darbietungen auf den Straßen und Plätzen statt.

In den Städten wird der Karneval auf den Straßen und im Saal gefeiert. Musikgruppen treten auf und fantasievoll verkleidete Tanzgruppen führen traditionelle und moderne Tänze auf. Die Menschen essen, trinken und feiern auch hier ausgiebig und ausgelassen.

Das Volk der Aymara

Im Hochland der Anden, im Gebiet des Titicaca-Sees, lebt seit vielen hundert Jahren das Volk der Aymara. Ihre Kultur und Lebensart war in vergangenen Zeiten eng mit dem See verbunden. Der Name ‚Titicaca‘ bedeutet in Aymara ‚Graue Katze‘. Die Hochebene um den See liegt auf einer Höhe von mehr als 4000 Metern, normalerweise kaum geeignet als Siedlungsgebiet für ein ganzes Volk. Aber der See erwärmt das Klima der ganzen Region und ermöglicht somit eine dichte Besiedelung. Schon zu Zeiten des Inka-Reiches war die Gegend um den Titicaca-See die dicht besiedeltste des ganzen Landes.

Unter den Spaniern litten die Aymara ebenso wie ihre Nachbarvölker. Als rechtlose Arbeitssklaven mussten sie in den Erzminen arbeiten. Unvorstellbar viele starben durch die unmenschliche Behandlung und die katastrophalen Arbeitsbedingungen unter Tage. Nach der Unabhängigkeit der Kolonien vom spanischen Mutterland zerteilten die Regierungen das Siedlungsgebiet der Aymara, so dass sie heute in Teilen von Bolivien, Peru und Chile leben. Ihre Situation hat sich seitdem kaum gebessert. Noch heute fühlen sich viele von ihnen als Menschen zweiter Klasse. Die spanisch sprechende Stadtbevölkerung akzeptiert die Sprache der Aymara nicht. So verleugnen viele ihre indianische Identität, um Nachteilen in der Arbeitswelt und sozialer Ausgrenzung zu entgehen.

Obwohl fast alle Aymara heute der katholischen Kirche angehören, ist ihre alte Religion für sie nach wie vor von großer Wichtigkeit. Sie hatten bereits eine tiefe Religiosität entwickelt, lange bevor die Spanier den christlichen Glauben in die Anden brachten. Ihr oft hartes Leben als Bergbauern und Hirten war von vielfältigen Bemühungen bestimmt die Götter zu beschwichtigen und zu versöhnen. Die Aymara verehren heute, wie in alten Zeiten, ‚Pachamama' als ‚Mutter Erde' oder Fruchtbarkeitsgöttin. Sie verbinden ihre Vorstellung von ‚Pachamama' mit der christlichen Jungfrau Maria. Beide sind Vermittler zwischen Gott und den Menschen. Auch entspricht die Jungfrau Maria ihrer Göttin der Fruchtbarkeit, hat sie doch ein Kind geboren, ohne mit einem Mann zu schlafen. In vielen Zeremonien rufen die Aymara ‚Pachamama' an. Sie soll eine gute Ernte ermöglichen, Krankheiten von der Gemeinschaft fern halten und für eine gute Aufzucht des Viehs sorgen.

Die meisten Aymara leben heute nach wie vor von der Landwirtschaft. Wichtige Nutzpflanzen sind Kartoffeln, Quinoa, und Gerste. Daneben züchten sie Schafe, Lamas, Alpakas und Kühe. Das ‚Geschenk der Aymara an die Welt' ist die Kartoffel.

In ihrer Heimat kultivierten sie die Pflanze, von hier aus wurde sie nach und nach in die Welt gebracht und in vielen Ländern zum wichtigsten, zeitweise überlebensnotwendigen Grundnahrungsmittel. Rund um den Titicaca-See gibt es nach wie vor viele verschiedene Kartoffelsorten.

Ein paar Worte in Aymara

Guten Morgen!	*Winus tiyas!*
Guten Abend!	*Winas täris!*
Danke schön!	*Yuspagara!*
Ich spreche Aymara.	*Nayax Aymara parlt`awa.*
Wie geht es dir?	*Kunjamaskatasa?*
Wo kommst du her?	*Kawkis unstanta?*
Ich bin ein Schäfer.	*Nayax awatiritwa.*

Die Musik der Anden

Musik aus den Anden ist in Deutschland seit Jahrzehnten bekannt. Die legendäre Flötenmelodie des Liedes ‚El Condor Pasa' wird wohl fast jeder schon einmal im Radio, auf der Straße oder anderswo gehört haben. Gruppen aus Peru, Bolivien und Ecuador sind als Straßenmusiker regelmäßig Gast in den Fußgängerzonen deutscher Städte. Es ist eine sehr gefällige, rhythmische Musik mit Melodien, die leicht zu Ohrwürmern werden.

Die Andenmusik, so wie wir sie heute hören, hat sehr viele Einflüsse anderer Kulturen aufgenommen und verarbeitet. Europäische Melodien und Musikinstrumente aber auch afrikanische Rhythmen haben sich mit der alten, traditionellen Musik der Anden verbunden. Die ‚alte' Musik der Andenvölker war pentatonisch, sie beruhte also auf einer 5-Ton-Skala (den schwarzen Tasten auf dem Klavier).

Früher existierte nur eine begrenzte Auswahl im Instrumentarium der Andenmusik. Da waren in erster Linie die ‚Quena', eine Längsflöte aus Bambus mit einer Kerbe als Mundstück, die in alten Zeiten häufig aus den Beinknochen des großen Kondors gefertigt wurde, ‚Siku' und ‚Rondador', Pan-Flöten in verschiedenen Größen und Stimmungen sowie große Schneckentrompeten. Mit einer Art Posaunenansatz wurden diesem Instrument sanfte, weich klingende Töne entlockt. Typische Perkussionsinstrumente waren die ‚Bombos' (kleine und große Trommeln), die ‚Maracas' (aus Kalebassen hergestellte Rasseln, S. 60), ‚Campanadas' genannte Glocken- und Rasselketten, die um die Fußgelenke der MusikerInnen oder TänzerInnen gebunden wurden.

Andere Instrumente haben mit den spanischen Eroberern ihren Weg in die Anden gefunden. Das sind vor allem Gitarre, Akkordeon und Geige, aber auch die Harfe, auf der eine eigene Spielweise entwickelt wurde.

Eine Besonderheit unter den Musikinstrumenten der Anden ist die ‚Charango'. Sie stammt aus Bolivien und ist heute ein typisches Instrument der Musik der Mestizen. Die Charango ist der Mandoline nachempfunden, allerdings mit fünf Saitenpaaren. Für den Korpus wurde lange Zeit der Panzer eines Gürteltieres benutzt. Mittlerweile bevorzugen die Instrumentenbauer Holz als Material für den Klangkörper. Klang und Spielweise des Instrumentes erinnern am ehesten an eine sehr rhythmisch gespielte Ukulele.

Der populäre moderne Anden-Folk, wie wir ihn kennen, entstand in den 70er Jahren des 20. Jahrhunderts. Chilenische Gruppen wie ‚Inti Illimani' und ‚Quilapayun' spielten die indianischen Instrumente, dazu Charango und Gitarre im Ensemble und kreierten einen neuen musikalischen Stil, die ‚Nueva Musica' oder ‚Musica Protesta'. Diese rebellische Musik zeichnet sich durch politische Texte und die Verbindung von städtischen und indianischen Musikelementen aus. Durch Tonträger und Tourneen lateinamerikanischer Gruppen fand die Musica Protesta schnell weltweit ein großes Publikum. Speziell nach dem Militärputsch in Chile 1973 galt die neue Musik aus den Anden als wichtiges Beispiel für eine engagierte sozialkritische Kultur.

El Condor pasa

13
trad.

Regenstock

Der Regenstock ist ein altes, traditionelles Musikinstrument, das in vielen latein-amerikanischen Ländern gespielt wird. Traditionell benutzen die Indianer als Klangkörper den hohlen Stamm eines großen Kaktus. Die Stacheln des Kaktus schlagen sie wie Nägel nach innen in den Stamm. Sie verschließen eine Öffnung des Kaktus mit einem passend großen Holz-stück, schütten kleine Steinchen in das In-nere des hohlen Stammes und ver-schließen anschließend auch das andere Ende.

Der Regenstock erzeugt den sanften Klang eines leichten Regens, der die Felder tränkt, das Wachstum des Getreides er-möglicht und so das Überleben der Men-schen sichert.

Material: 1 lange Paketrolle, 200 Nägel (ca. 4 cm lang, je nach Durchmesser der Rolle), Hammer, Füllmaterial (Steinchen, Samen, kleine Muscheln, Linsen oder Reis), Farbstifte oder Wasserfarbe, bunte Borte oder buntes Band
Alter: ab 4 Jahren (mit Hilfe eines Er-wachsenen)

Die Nägel in zwei Reihen spiralförmig in die Paketrolle einschlagen; der Abstand zwischen den Nägeln sollte dabei nicht mehr als 1,5 cm betragen.
Die untere Öffnung mit dem Verschluss-deckel der Paketrolle verschließen und von oben kleine Steinchen, Samen, kleine Muscheln etc. in das Rohr schütten.
Anschließend die obere Öffnung mit dem zweiten Deckel verschließen und durch langsames Umdrehen des Regenstocks ausprobieren, mit wie viel Füllmaterial er am besten klingt (evtl. Füllmaterial zuge-ben oder wieder entfernen).

Zur Dekoration den Regenstock anmalen und ein buntes Band oder Tuch um das obere Ende binden.

Pan-Flöte

Das beliebteste Musikinstrument in den Anden war in alten Zeiten die Pan-Flöte ‚Zampoña'. Sie besteht aus unterschied-lich langen, gestimmten Pfeifen, die in ei-ner oder zwei Reihen aneinander gebun-den sind. Früher stellten die Indianer manche Zampoñas aus den Federkielen des Anden-Kondors her, heute sind Bam-busröhren das ausschließlich benutzte Material. Nach wie vor ist die Pan-Flöte das charakteristische Musikinstrument der Anden.

Material: mehrere Bambusstöcke aus dem Baumarkt oder der Gärtnerei in etwa gleicher Dicke (darauf achten, dass der Bambus keine Risse hat), Säge, Schmirgel-papier, Bast, 1 buntes Band
Alter: ab 6 Jahren

Die Bambusstöcke jeweils oberhalb der Knoten zu etwa gleich großen Stücken sauber durchsägen – mindestens sechs Stücke werden für eine Flöte gebraucht. Die Schnittflächen mit dem Schmirgelpa-pier glätten.
Mit der Anblastechnik (wie auf einer Fla-sche) alle Bambusstücke ausprobieren und die Stücke, die einen sauberen Ton geben, auf unterschiedliche Längen (wie Orgelpfeifen) sägen.
Sechs fertige Bambusstücke der Größe nach nebeneinander legen, mit dem Bast in einer Reihe fest miteinander verbinden und mit dem bunten Band verzieren.

Cajon – eine Kiste zum Musik machen

In Peru gibt es eine ganz besondere Trommel, die ‚Cajon'. Eigentlich ist die Cajon lediglich eine Holzkiste. Aber auch eine Holzkiste kann gut klingen – vor allem, wenn keine Trommel in der Nähe ist! Aus der Not geboren, wird die Cajon heute professionell aus besonderen Hölzern hergestellt und in Musikgeschäften auch in Deutschland verkauft. Das Instrument hat in Europa viele Anhänger und wird gerne von Flamenco-Musikern eingesetzt.

Material: 1 Holzkiste oder stabiler Pappkarton (Waschmitteltonne, mind. 50 cm hoch), Säge oder Schere
Alter: ab 4 Jahren

In die Rückwand einer geschlossenen Holzkiste oder eines Pappkartons ein ovales Loch (ca. 20 cm hoch, 10 cm breit) sägen oder schneiden. Bei einem Pappkarton unbedingt darauf achten, dass er dem Gewicht eines Kindes standhält!

Spielweise:
Breitbeinig auf die Cajon setzen, die Öffnung nach hinten. Mit der rechten Hand zwischen den Beinen und mit der linken Hand neben dem linken Bein auf die Vorderseite des Instrumentes trommeln.

Kleidung der Anden

Hallo Freunde, da bin ich wieder. Die zweite Station unserer Reise hat uns in die Anden geführt, in das große Gebirge im Westen von Südamerika. Hier kann es nachts ganz schön kalt werden. Deshalb zieh ich mir auch gleich Kleider an, wie sie die Menschen hier tragen: einen schönen bunten Poncho, eine warme Mütze und dazu einen runden Hut mit einem bunten Hutband.

Poncho

Der Poncho ist ein typisches Kleidungsstück der Menschen in den Anden. Er ist aus Schafwolle gewebt und dient als Mantel und Decke. Ponchos sind bequem zu tragen und wärmen auch an besonders kalten Tagen im Hochgebirge.

Material: 1 Stück fester Stoff (150 x 180 cm) mit buntem Muster oder weißer Stoff (z. B. Bettlaken) und wasserfeste Textilfarben, Schere, Lochzange, Stoffreste
Alter: ab 5 Jahren (mit Hilfe eines Erwachsenen)

Das Tuch quer auf die Hälfte zusammenfalten. In die Mitte des Falzes V-förmig ein Loch für den Kopf schneiden.
An den unteren Rändern des Ponchos dicht nebeneinander Löcher ausstanzen. Aus den Stoffresten lange, dünne Fransen schneiden, durch die Löcher stecken und verknoten.
Bei weißem Stoff mit den Textilfarben bunte, geometrische Muster auf den Poncho malen.

Poncho aus einer großen Papiertüte

Material: 1 große Papiertüte, Schere, Farbstifte, Zeitungspapier, Klebstoff
Alter: ab 4 Jahren

In den Boden der Tüte ein Loch schneiden, so dass der Kopf des Kindes durchpasst. In beide Seiten der Tüte Schlitze für die Arme schneiden.
Vorder- und Rückseite bemalen.
Aus dem Zeitungspapier Fransen schneiden und auf den unteren Rand des Poncho kleben.

Freundschaftsbändchen

Eine typische Kopfbedeckung der Menschen in den Anden sind die runden Hüte mit den bunten Hutbändern.
Die hier beschriebene Anleitung für ein Freundschaftsbändchen kann leicht – mit breiteren (und mehr) Bändern – auch für die Herstellung eines solchen Hutbandes übernommen werden.

Material: 5 lange Baumwollfäden in unterschiedlichen Farben (ca. 90 cm lang, z. B. in Rot, Gelb, Dunkelblau, Schwarz und Grün), Sicherheitsnadel
Alter: ab 8 Jahren

Begriffserklärungen:
Knüpffaden: Faden, der gerade den Knoten bildet.
Spannfaden: Faden, um den der Knoten geknüpft wird.

Einfacher Schlingenknoten: nach rechts geknüpfter Knoten: Den Knüpffaden nach rechts über den Spannfaden legen, um den Spannfaden herumführen und durch die Schlinge ziehen.
Zweifacher Schlingenknoten: Den Knüpffaden nach rechts über den Spannfaden legen, **2 x** um den Spannfaden herumführen und dann erst durch die Schlinge ziehen.
Wichtig: Den Spannfaden stets gut spannen und die Knoten immer fest anziehen. Damit das Muster schön dicht wird, jeden Knoten nach oben an die vorhergehende Reihe schieben.

- Alle Fäden zusammennehmen und ca. 10 cm unter einem Ende des Stranges einen Knoten machen.
- Damit das Band bequem zu knüpfen ist, den Knoten mit einer Sicherheitsnadel an der Jeans, einem Kissen oder am Tischtuch befestigen.

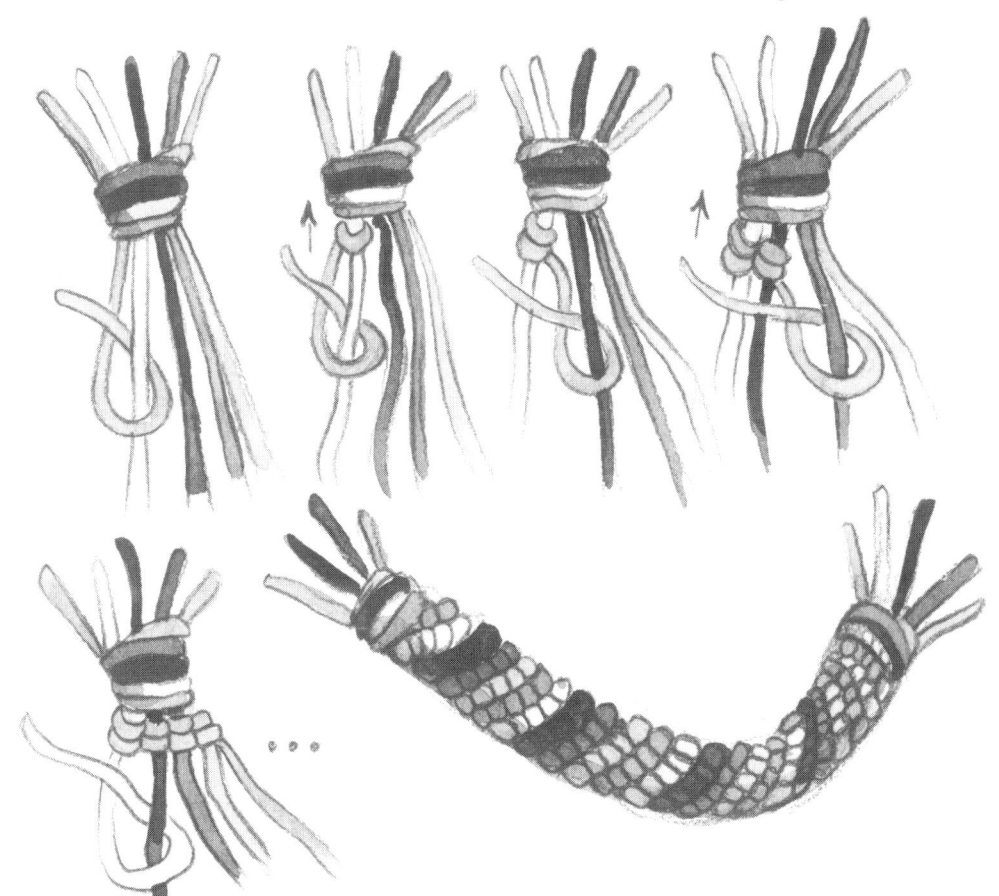

- Die Fäden in der gewünschten Reihenfolge nebeneinander legen.
  Als **Beispiel:** rot, schwarz, blau, grün, gelb.
- In der 1. Reihe ist der rote Faden der erste Knüpffaden und der schwarze Faden der erste Spannfaden.
- Mit dem roten Knüpffaden einen einfachen Schlingenknoten von links nach rechts über den schwarzen Spannfaden knüpfen und diesen Vorgang wiederholen.
- Den blauen Faden als nächsten Spannfaden nehmen und mit dem roten Knüpffaden einen zweifachen Schlingenknoten (zwei Schlingen hintereinander) über den blauen Faden knüpfen.
- Jetzt ist der grüne Faden der Spannfaden, dann der gelbe, sodass der rote Faden am Ende hinten als letzter Spannfaden für die nächste Reihe liegt.

- Die 2. Reihe beginnt mit schwarz als Knüpffaden und blau als erstem Spannfaden und wird wie die erste Reihe – diesmal mit dem schwarzen Faden – geknüpft.
- Die folgenden Reihen genauso fertigen. Knüpffaden einer Reihe wird immer der am Anfang links außen liegende Faden.
- Das ganze Band in der Reihenfolge rot – schwarz – blau – grün – gelb knüpfen.
- Zwischendurch das Bändchen um den Arm legen, um die gewünschte Länge abzuschätzen.
- Am Ende wieder alle Fäden zusammennehmen und direkt an der letzten Reihe verknoten.
- Die Fäden an beiden Seiten zu einem Zopf flechten, am Ende verknoten.

Das fertige Bändchen einer Freundin, einem Freund ums Handgelenk binden.

Geschichten aus den Anden

Viele Menschen in den Anden leben noch heute von der Landwirtschaft, oft als Bergbauern in unwegsamem Gelände. Ihre Geschichten beziehen sich auf das Zusammenleben von Menschen und Tieren. Sie drücken Bewunderung und Respekt vor der Natur mit all ihren Mächten aus, schildern Bedrohungen, die sie fürchten, erzählen vom Leben in der Gemeinschaft und beschreiben die Sorgen um ihre Existenz, das Land, die Ernte und die Tiere.

Wenn ihr mich so anschaut, denkt ihr bestimmt, dass ich ein großer Vogel bin. Aber da müsst ihr mal einen Kondor sehen. Der ist riesig, er ist einer der größten Vögel auf der ganzen Welt. Für uns ist er der König der Lüfte. Ihr müsstet mal sehen, wie er auf seinen riesigen Schwingen mühelos über die Berge und durch die Täler gleitet.
Der Kondor ist ein Geier, er frisst also vor allem tote Tiere, die er im Gebirge findet. Weil er aber so unglaublich groß ist, glauben viele Menschen, er würde auch lebende Tiere fangen. Die Menschen in den Anden erzählen sich viele Geschichte über Mallku Kunturi, den großen Kondor.

Der Kondor und die Schäferin

Mallku Kunturi, der große Kondor, war sehr hungrig. Den ganzen Tag hatte er die Berge nach Beute abgesucht. Hungrig kehrte er jetzt zurück auf seinen Ansitz in der Nähe des ewigen Schnees.

Da erspähte er eine Schäferin, die ihre Herde in großer Eile ins Tal hinab trieb. Ohne einen Augenblick zu zögern, erhob sich der Kondor in die Lüfte und stieß im Sturzflug auf die Herde nieder. Mit seinen gewaltigen Klauen griff er ein kleines Lamm und trug es mit sich in die Lüfte. Hoch in die Berge flog er mit seiner Beute, um sie an einem sicheren Ort zu fressen.

Das Schäfchen sprach mit einem ängstlichen Meckern zum Kondor: „Bring mich doch bitte zurück zu meiner Mutter. Es ist die Zeit, wo sie mich zu Hause erwartet. Sie wird sich Sorgen machen." Doch unbeirrt segelte der Kondor auf seinen breiten Schwingen weiter in die fernen Berge. Er flog und flog.

Da sah er plötzlich mit den Augen des Königs der Lüfte weit unten im Tal einen toten Esel, um den sich Hunde zum Festmahl versammelt hatten. Ohne zu zögern kehrte der Kondor um. Schnell fand er die Schafherde, die er kurz zuvor beraubt hatte. Elegant landete er inmitten der Herde direkt neben der Schäferin. Er sprach zu ihr: „Lulu, du bist zu schön um darunter zu leiden, dass ich eine so magere Beute wie dein Schäfchen fresse. Hier hast du dein Lamm zurück."

Schnell schwang er sich wieder in die Lüfte und flog auf seinen riesigen Schwingen zu der Stelle, wo der tote Esel lag.

Respektvoll wichen die Hunde zur Seite, als Mallko Kunturi neben dem Aas landete. Sie beobachteten aus sicherer Entfernung, wie er den Esel verspeiste. Nach einer Weile war der Kondor satt. Zufrieden saß er dort, die Krallen wie Nägel in die Erde versenkt, mit halb geöffneten Schwingen.

Die Hunde kehrten zurück und fraßen die Reste.

Habt ihr schon einmal einen Fuchs gesehen? Füchse sehen zwar sehr schön aus mit ihrem rotbraunen Fell, doch Füchse sind auch listig und gefräßig. Wir Vögel und noch viele andere Tiere müssen uns vor ihnen sehr in Acht nehmen.

Wenn so ein Fuchs aber zu hungrig wird, kann er schon einmal etwas ganz Verrücktes tun, wie in der folgenden Geschichte, die sich die Menschen in Bolivien erzählen.

Der alte Fuchs und die Schafe

Tiula, der große alte Fuchs, beobachtete eine große Schafherde. Leider grasten die Schafe auf der anderen Seite des Flusses. Aber es hatte lange nicht geregnet und so führte der Fluss wenig Wasser mit sich. Da Tiula immer hungrig war, überlegte er, wie er am besten den Fluss überqueren könne, um sich auf die Schafe zu stürzen.

Die Schafe aber hatten den Fuchs noch gerade rechtzeitig entdeckt. Vom Berghang rollten sie große Steine in den Fluss, um ihn aufzustauen. Bald war der Fluss so hoch mit Wasser gefüllt, dass es dem alten Tiula unmöglich war, ihn zu überqueren und die Schafe anzugreifen.

„Diese fürchterlichen Schafe", sagte er zu sich. „Die werden sich wundern. Ich trinke ganz einfach den Fluss leer und dann fresse ich sie allesamt zum Nachtisch."

Er lief zum Wasser und begann zu trinken. „Lak, lak, lak", klang es, als er trank und trank. Aber Tiula war so gierig und besessen davon die Schafe zu fressen, dass er nicht bemerkte, wie sein Bauch dicker und dicker wurde. „Lak, lak, lak", klang es immer noch und die ängstlichen Schafe beobachteten erschrocken, wie der Bauch des Fuchses geradezu riesig wurde.

Plötzlich, mit einem gewaltigen Knall, platzte der Bauch. – Tiula hatte zu viel Wasser getrunken und konnte nie wieder Schafe fressen.

Auf der anderen Seite des Flusses, der immer noch voll mit Wasser war, machte sich die Schafherde gemächlich auf ihren Weg nach Hause.

Wie Sonne und Mond entstanden sind

Vor langer, langer Zeit, da zogen weder Sonne noch Mond über den Himmel. Nur die Sterne leuchteten. Sie waren so hell und groß, dass es immer Tag war auf der Erde.

Die Menschen waren alle Geschwister, sie liebten und halfen einander und teilten alles, was sie besaßen. So lebten sie viele tausend Jahre glücklich und zufrieden. Doch irgendwann wurden die Menschen habsüchtig. Die Reichen behielten ihren Reichtum, wer einen Garten besaß, baute eine Mauer rundherum. Wer ein Haus hatte, der schloss es ab. Als die Sterne dies sahen, wurden sie traurig und zogen sich langsam von der Erde zurück. Mit jedem Tag wurde es dunkler und dunkler auf der Erde. Die Herzen der Menschen waren voller Furcht. Die Pflanzen wollten nicht mehr wachsen, die Haustiere bekamen keine Jungen mehr und die wilden Tiere verkrochen sich so weit im Urwald, dass kein Jäger sie finden konnte. Überall litten die Menschen große Not.

Da niemand wusste, was zu tun sei, fragten die Menschen eine weise alte Frau um Rat: „Was sollen wir tun, damit es wieder hell wird und wir genug zu essen haben?"

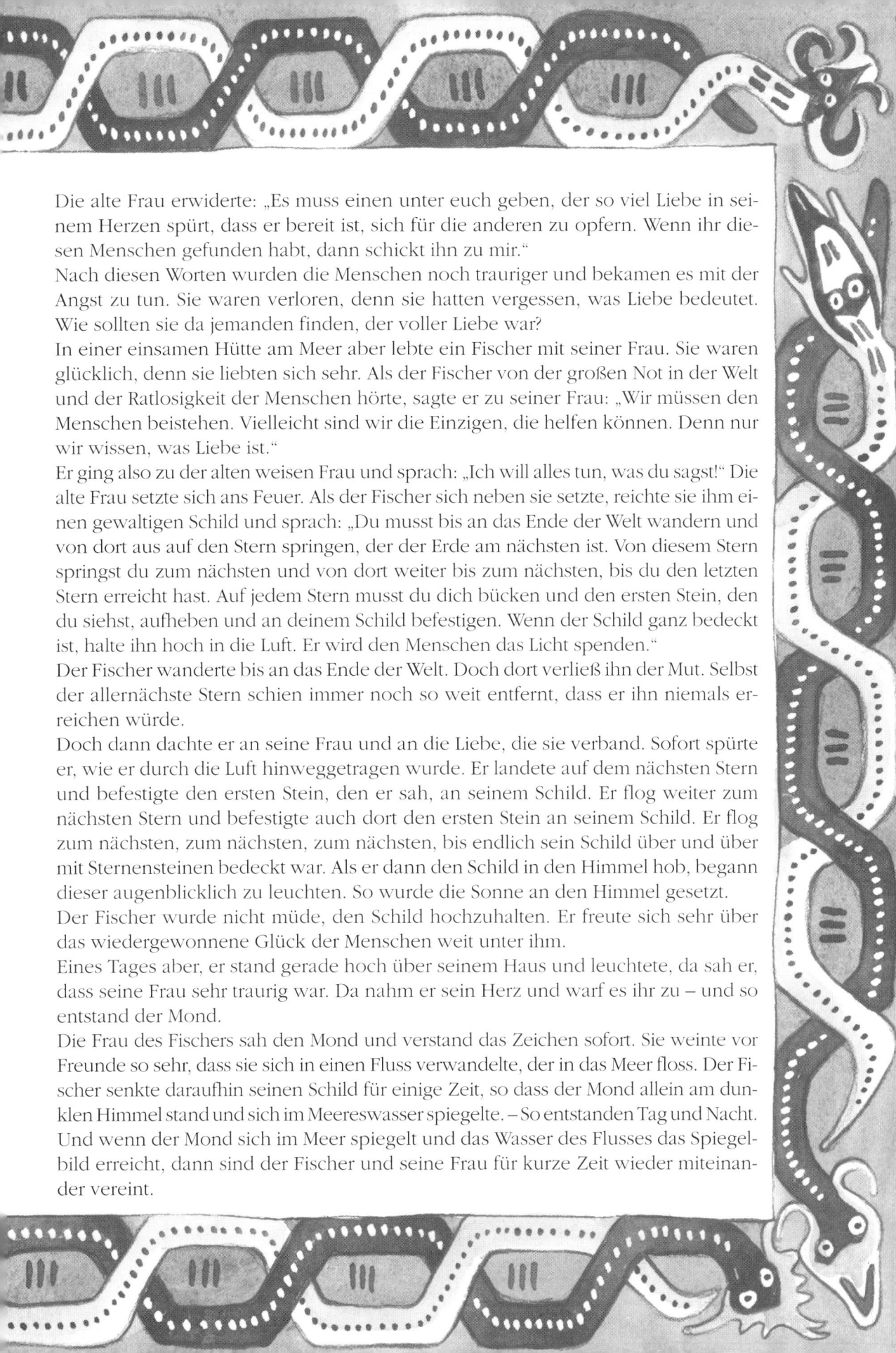

Die alte Frau erwiderte: „Es muss einen unter euch geben, der so viel Liebe in seinem Herzen spürt, dass er bereit ist, sich für die anderen zu opfern. Wenn ihr diesen Menschen gefunden habt, dann schickt ihn zu mir."

Nach diesen Worten wurden die Menschen noch trauriger und bekamen es mit der Angst zu tun. Sie waren verloren, denn sie hatten vergessen, was Liebe bedeutet. Wie sollten sie da jemanden finden, der voller Liebe war?

In einer einsamen Hütte am Meer aber lebte ein Fischer mit seiner Frau. Sie waren glücklich, denn sie liebten sich sehr. Als der Fischer von der großen Not in der Welt und der Ratlosigkeit der Menschen hörte, sagte er zu seiner Frau: „Wir müssen den Menschen beistehen. Vielleicht sind wir die Einzigen, die helfen können. Denn nur wir wissen, was Liebe ist."

Er ging also zu der alten weisen Frau und sprach: „Ich will alles tun, was du sagst!" Die alte Frau setzte sich ans Feuer. Als der Fischer sich neben sie setzte, reichte sie ihm einen gewaltigen Schild und sprach: „Du musst bis an das Ende der Welt wandern und von dort aus auf den Stern springen, der der Erde am nächsten ist. Von diesem Stern springst du zum nächsten und von dort weiter bis zum nächsten, bis du den letzten Stern erreicht hast. Auf jedem Stern musst du dich bücken und den ersten Stein, den du siehst, aufheben und an deinem Schild befestigen. Wenn der Schild ganz bedeckt ist, halte ihn hoch in die Luft. Er wird den Menschen das Licht spenden."

Der Fischer wanderte bis an das Ende der Welt. Doch dort verließ ihn der Mut. Selbst der allernächste Stern schien immer noch so weit entfernt, dass er ihn niemals erreichen würde.

Doch dann dachte er an seine Frau und an die Liebe, die sie verband. Sofort spürte er, wie er durch die Luft hinweggetragen wurde. Er landete auf dem nächsten Stern und befestigte den ersten Stein, den er sah, an seinem Schild. Er flog weiter zum nächsten Stern und befestigte auch dort den ersten Stein an seinem Schild. Er flog zum nächsten, zum nächsten, zum nächsten, bis endlich sein Schild über und über mit Sternensteinen bedeckt war. Als er dann den Schild in den Himmel hob, begann dieser augenblicklich zu leuchten. So wurde die Sonne an den Himmel gesetzt.

Der Fischer wurde nicht müde, den Schild hochzuhalten. Er freute sich sehr über das wiedergewonnene Glück der Menschen weit unter ihm.

Eines Tages aber, er stand gerade hoch über seinem Haus und leuchtete, da sah er, dass seine Frau sehr traurig war. Da nahm er sein Herz und warf es ihr zu – und so entstand der Mond.

Die Frau des Fischers sah den Mond und verstand das Zeichen sofort. Sie weinte vor Freunde so sehr, dass sie sich in einen Fluss verwandelte, der in das Meer floss. Der Fischer senkte daraufhin seinen Schild für einige Zeit, so dass der Mond allein am dunklen Himmel stand und sich im Meereswasser spiegelte. – So entstanden Tag und Nacht. Und wenn der Mond sich im Meer spiegelt und das Wasser des Flusses das Spiegelbild erreicht, dann sind der Fischer und seine Frau für kurze Zeit wieder miteinander vereint.

Die Liebe des Stinktiers

Eines Morgens bemerkten die Tiere, dass Anathuya, das Stinktier, sehr traurig war. Seine lebhaften,
leuchtenden Augen waren melancholisch und er wollte nichts
mehr essen.

Die Tiere versuchten ihn aufzumuntern und zu trösten. Sie fragten ihn, woran er
denn leide. Aber Anathuya antwortete nicht einmal und blickte nur stumm und sehnsüch-
tig in den Himmel. Als die Sonne unterging, die Wolken rot färbte und die Dunkelheit
über das Land zog, wurde er noch trauriger. All seine Freunde kamen, um ihn zu trösten.
Sie streichelten ihn und leckten sein Fell und baten ihn, doch endlich zu erzählen, warum es ihm so schlecht ging.

Schließlich schluchzte er: „Ach, meine Brüder, ich bin so furchtbar verliebt. Und wenn ihr
mich so traurig seht, dann ist es, weil meine Angebetete so weit entfernt ist, so hoch in
der Luft. Nur mit Flügeln kann man in ihre Nähe kommen." Alle Tiere schauten ihn über-
rascht an. Eines fragte ihn: „... uns, in wen du so unsterblich verliebt bist, Anathuya."
„Ay, ay, ay", lamentierte das Stinktier mit seinem rosa Mäulchen. „Es ist Pajsi, die Mondfrau, sie ist so schön!"

Die Tiere waren gerührt von Anathuyas Liebe zur Mondfrau und seinem Liebeskummer.
So suchten sie nach Mallku, dem großen Kondor. Als sie ihn schließlich fanden, fragten sie
ihn, ob er bereit wäre, das Stinktier auf seinem Rücken zum Mond hinauf zu fliegen. Sie
wussten, dass kein anderes Lebewesen in der Lage war, bis zum Mond zu fliegen. Aber
Mallku sagte: „Nein, das Stinktier stinkt ja fürchterlich. Das könnt ihr nicht von mir erwar-
ten." Doch die Tiere überredeten ihn schließlich, mit dem Stinktier zum Mond zu fliegen.
Als in der Nacht das Gesicht von Pajsi, der Mondfrau am Himmel erschien, erhob sich
Mallku, der Kondor in die Lüfte. Auf seinem Rücken saß Anathuya, das verliebte Stinktier.
Sie flogen höher und höher, bis sie schließlich den Mond erreichten. Mallku flog so nah
an die Mondfrau heran, dass Anathuya sie ganz fest mit seinem rosa Mäulchen küsste.
Doch bald brachte der Kondor ihn zurück auf die Erde. Die Erinnerung an den Kuss, den
er der Mondfrau gegeben hatte, brannte in der Erinnerung des Stinktiers. Für eine Weile
litt Anathuya sogar noch mehr als zuvor.

Doch es war nur eine vorübergehende Liebe. Glücklicher-
weise gelang es ihm schließlich, die Mondfrau einfach zu
vergessen. Die Spuren aber, die wir auf dem Mond
erkennen, sind der Abdruck der Lippen des
Stinktiers aus jener Nacht, als Anathuya die
Mondfrau küsste.

Wachi Wachi Torito

● 28

trad., dt. Text: Pit Budde

Quechua ist die Sprache der Inka. Für viele Menschen in den ländlichen Gebieten Boliviens ist Quechua noch heute die Muttersprache. Das Weihnachtslied aus den Anden, „Wachi Wachi Torito", wird in Quechua gesungen. Es beschreibt das Krippenspiel, das in vielen Häusern in Lateinamerika vor dem Weihnachtsfest aufgebaut wird.

Wei - ne doch nicht mein klei - nes Kind.

Komm in die Ar - me zu mir ge - schwind.

Wie der al - te Hir - te und sein Schaf

wa - chen die En - gel ü - ber dei - nen Schlaf.

Weine doch nicht, mein kleines Kind
Komm in die Arme, zu mir geschwind
Wie der alte Hirte und sein Schaf
Wachen die Engel über deinen Schlaf

Ama Waqaychu niñitu
Mamitaykí ñuñuchisonqa
Cielomanta angeles adorásonqa
Y serafines k`anchásonqa

Ay Wachi Wachi du kleiner Stier
Das Kälbchen lehnt an der Scheunentür
Schaut sich die Welt dort draußen an
Die seit heut Nacht wieder hoffen kann

Ay wachí wachí tórito
Torito del portálito
Tuna tuna siña qawallayña
Jucha sapas wajramullayña

Spiele der Kinder

Was hat dein Vater mitgebracht?

Material: keins
Alter: ab 3 Jahren

Alle Kinder setzen sich in einen Kreis und bestimmen ein Kind, das die Fragen stellt. Es fragt nacheinander vier Kinder: „Was hat dein Vater mitgebracht?" Das angesprochene Kind antwortet, die anderen machen entsprechende Bewegungen dazu:

„Was hat dein Vater mitgebracht?"
1. Kind: „Einen Fächer!"
Alle Kinder bewegen die rechte Hand, als würden sie sich zufächern.

„Was hat dein Vater mitgebracht?"
2. Kind: „Einen Hut!"
Alle Kinder fächern sich weiter mit der rechten Hand zu und klopfen sich mit der linken Hand auf den Kopf, als würden sie den Hut zurechtsetzen.

„Was hat dein Vater mitgebracht?"
3. Kind: „Ein Paar Schuhe!"
Alle Kinder fächern sich zu, klopfen sich mit der linken Hand auf den Kopf und trampeln mit den Füßen.

„Was hat dein Vater mitgebracht?"
4. Kind: „Ein Gedicht!"
Alle Kinder fächern sich zu, klopfen sich auf den Kopf, trampeln mit den Füßen, nicken mit dem Kopf und bewegen dazu die Lippen, als würden sie ein Gedicht aufsagen.

Das Hilfe-Spiel

Material: keins
Alter: ab 4 Jahren

Ein Kind ist Jägerin oder Jäger und hält die offene Handfläche in den Kreis der anderen Kinder. Diese legen vorsichtig ihre Zeigefinger in die Handfläche des ‚Jägers'. Plötzlich schließt dieser ohne Vorwarnung die Hand:

- Die Kinder, die ihren Finger nicht schnell genug wegziehen konnten, werden zu weiteren Jägern.
- Die ‚freien' Kinder rennen so schnell wie möglich fort, damit sie nicht gefangen werden.

Wird ein Kind von einem Jäger abgeklatscht, bleibt es auf der Stelle stehen und ruft laut um Hilfe.
Berührt ein freies Kind die Hand des Hilferufenden, bevor es selbst von einem Jäger erwischt wird, ist das ‚gefangene' Kind gerettet und kann wieder davonlaufen. Gelingt es nicht mehr, gefangene Kinder zu befreien, wird das zuletzt gefangene Kind in der nächsten Spielrunde zum ersten Jäger.

La Canasta – das Körbchen

Material: Stühle (1 Stuhl weniger als Kinder)
Alter: ab 4 Jahren

Jedes Kind sucht sich eine Obstsorte als Namen aus, die es besonders gerne mag. Ein Kind heißt ,Apfel', ein anderes ,Banane', ein anderes ,Mango' usw.
Jetzt setzen sich alle Kinder bis auf eines, auf Stühle, die in einer Reihe aufgestellt sind.
Das stehende Kind beginnt mit dem Spiel und ruft: *„Ich war auf dem Markt. Da hab ich Bananen, Mangos und Äpfel gekauft und in mein Körbchen gelegt."* Dabei kann es so viele Obstsorten aufrufen, wie es möchte.
Die Kinder, deren Obstname aufgerufen wird, müssen sofort aufstehen und sich einen neuen Platz suchen.
Das ist die Chance des rufenden Kindes. Es versucht einen freien Stuhl zu besetzen. Hat es einen Stuhl ergattert, ist das jetzt stehende Kind an der Reihe und ruft:
„Ich war auf dem Markt..."

Tikichuela

Material: 7 Kirschkerne bzw. Maiskörner oder Murmeln o. Ä.
Alter: ab 6 Jahren

Die Kinder setzen sich im Kreis auf den Boden.
Das jüngste Kind beginnt. Es hat die sieben Kirschkerne, Maiskörner, Murmeln, Steinchen oder auch Pfennige vor sich liegen.
Wichtig: Gespielt wird immer nur mit einer Hand!

- Das Kind nimmt einen Kern, wirft ihn in die Luft, hebt schnell einen zweiten auf und fängt den ersten wieder auf.
- Hat das geklappt, darf das gleiche Kind weiterspielen. Es legt den aufgenommenen Kern zurück und wirft den Kern erneut in die Luft, muss jetzt aber zwei Kerne aufheben bevor es den ersten wieder fängt.
- In jeder weiteren Runde muss ein Kern mehr aufgehoben werden.

Misslingt einem Kind ein Versuch, ist das nächste an der Reihe.
Gewonnen hat, wer am Ende der Runde die meisten Kerne vor dem Auffangen aufheben konnte.

Milchreis mit Honig

Milchreis mit Honig heißt im Original „Arroz con leche" und ist ein beliebtes Spiellied in vielen Ländern Lateinamerikas. Die Kinder stehen im Kreis und singen gemeinsam. Oft spielen sie Abklatschen dazu.

Milch - reis mit Ho - nig, ich such ei - ne Braut, aus

Por - tu - gal, die mir in die Au - gen schaut. Sie

soll gut tan - zen, sie soll gut sin - gen. Sie

soll mit mir nach drau - ßen gehn und Seil - chen sprin - gen. Mit

dir geh ich, ja! Mit dir geh ich, nein! Ja,

du sollst mei - ne Aus - er - wähl - te sein.

1. Milchreis mit Honig
   Ich such eine Braut
   Aus Portugal
   Die mir in die Augen schaut

2. Sie soll gut tanzen
   Sie soll gut singen
   Sie soll mit mir nach draußen gehen
   Und Seilchen springen

3. Mit dir geh ich – ja!
   Mit dir geh ich – nein!
   Ja, du sollst meine Auserwählte sein

1. Arroz con leche,
   me quiero casar
   Con una señorita
   de Portugal.

2. Que sepa coser,
   que sepa bordar
   Que sepa abrir la puerta
   para ir a jugar

3. Con ésta sí.
   Con ésta nó.
   Con ésta señorita, me caso yo

FESTA JUNINA –
DAS JUNI-FEST IN BRASILIEN

Im Verlauf des Juni feiern die Kinder in den Schulen Brasiliens das Juni-Fest, das ‚Festa Junina‘. Ursprünglich war dies wahrscheinlich ein Fest zur Wintersonnenwende, die südlich des Äquators auf den 21. Juni fällt. Das Festa Junina ist vor allem in Gegenden beliebt, in denen viele europäische Einwanderer leben.

Die Kinder feiern dieses Fest an den verschiedenen Samstagen des Juni in der Schule. Kinder, Eltern, Lehrerinnen und Lehrer feiern gemeinsam. Sie verkleiden sich, tanzen, singen und spielen zusammen: Sie spielen Fußball und schießen auf eine Torwand, werfen mit Tennisbällen durch den Mund eines Affen, der auf eine Holzwand gemalt ist und veranstalten Wettkämpfe im Baumklettern. Das Essen und die Getränke auf dem Festa Junina sind in etwa die gleichen wie auf der Kirmes in Deutschland: Zuckerwatte und andere Süßigkeiten, gegrillte Würste und Fleisch, dazu Limonade und andere Getränke.

Höhepunkt des Festa Junina ist eine gespielte, vorher einstudierte Hochzeitsfeier. Alles, was an diesem Tag geschieht, soll komisch und ein wenig verrückt aussehen, so auch die Hochzeit. Deshalb vertauschen dafür manche Jungen und Mädchen die Rollen und verkleiden sich entsprechend. Kleinere Kinder malen sich zum Beispiel einen Schnurrbart an, Jungen gehen als alte Frau und malen sich einen Zahn schwarz an, so dass er wie eine Zahnlücke aussieht, Mädchen tupfen sich als Männer mit vielen schwarzen Punkten Bartstoppeln ins Gesicht...

Ciranda Cirandinha

26
trad., dt. Text: Pit Budde

O Ci - ran - da Ci - ran - din - ha, komm wir dre - hen uns im Kreis. Ein - mal links und ein - mal rechts rum. Komm wir dre - hen uns im Kreis.

1. O Ciranda Cirandinha
   Komm wir drehen uns im Kreis
   Einmal links und einmal rechts rum
   Komm wir drehen uns im Kreis

2. Ja, der Ring, den ich von dir hab
   War aus Glas und sprang entzwei
   Und die Liebe von uns beiden
   War genau so schnell vorbei

3. Liebe Frau Dona Alice
   Kannst du tanzen hier im Kreis
   Sing uns schnell ein kleines Liedchen
   Dann spring wieder aus dem Kreis

1. O Ciranda Cirandinha
   Vamos todos cirandar
   Vamos dar a meia volta
   Volta e meia vamos dar

2. O anel que tu me destes
   Era vidro e se quebrou
   O amor que tu me tinhas
   Era pouco e se acabou

3. Senhora Dona Alice
   Entre dentro dessa roda
   Diga um verso bem bonito
   Diga adeus e vá-se embora

Tanzanleitung

Alle Kinder bilden einen Kreis.
Zum Rhythmus der Musik tanzen sie abwechselnd erst rechts herum im Kreis, dann links herum.
Nach der dritten Strophe geht ein Kind in die Mitte, singt eine Strophe von irgendeinem anderen Lied, geht in den Kreis zurück und der Tanz beginnt von vorn.

Hochzeitstanz

Der Hochzeitstanz ist ein ausgelassener Tanz zu einer schnellen Musik, der meist von einem Akkordeon begleitet wird.

Musik: Ciranda Cirandinha (● 26)
Material: Kostüme für die Jungen, die Mädchen, die Braut, den Bräutigam, den Priester
Anzahl: mindestens 6 SpielerInnen
Alter: ab 4 Jahren

Die Kostüme:
Kleidung für die Jungen: zerrissene Jeans (mit bunten Stofffetzen), langes kariertes Hemd (über der Hose getragen) oder Jacke mit Flicken, Cowboy-Stiefel, kaputter Strohhut;
Kleidung für die Mädchen: langes, weites Kleid (mit bunten Flicken), feste Schuhe, weiße Kniestrümpfe, zwei Zöpfe;
Kleidung für die Braut: komisch ausse-hendes, „überkandideltes" Brautkleid mit Schleier;
Kleidung für den Bräutigam: Anzug mit geflickter Jacke und Hose;
Kleidung für den Priester: schwarzer Talar oder Umhang.

Die Spielleitung wählt zwei Kinder als Brautpaar und eines als Priester aus, die anderen spielen die Hochzeitsgäste. Alle Kinder verkleiden sich.

Zuerst tanzen alle Kinder zur Musik im Kreis und halten sich dabei an den Händen.
Nach einer Weile geht der Priester mit wichtiger Miene in die Mitte des Kreises und ruft das Brautpaar zu sich. Die Brautleute verlassen ihren Platz und stellen sich Hand in Hand vor den Priester.
Mit salbungsvollen Worten führt dieser die Trauung durch.
Der **Priester** ruft: *„Willst du, Maria, diesen Jungen, Antonio, zum Mann nehmen und ihn lieben dein Leben lang?"*
Maria antwortet: *„Ja, ich will!"*
Der **Priester** ruft: *„Willst du, Antonio, dieses Mädchen, Maria, zur Frau nehmen und sie lieben dein Leben lang?"*
Antonio antwortet: *„Ja, ich will!"*
Priester: *„Dann dürft ihr euch jetzt umarmen!"*

Nach der Umarmung applaudiert die Menge, die Musik setzt wieder ein und der Tanz beginnt von neuem.
Nach kurzer Zeit löst sich der Kreis auf. Der Priester holt sich eine Tanzpartnerin an seine Seite und die Kinder tanzen in einer langen Zweier-Reihe über den Festplatz: voneweg der Priester mit seiner Partnerin, dann das Brautpaar, danach alle anderen Kinder in Paaren.
Die Paare bewegen sich dabei so komisch und übertrieben wie möglich: mal gehen sie ein paar Schritte vor, mal ein paar zurück, mal tanzen sie eingehakt im Kreis herum...
Nach einer Weile bilden der Priester und seine Partnerin mit ihren erhobenen Armen eine Brücke. Diese durchtanzen die Paare nacheinander, schließen sich hinten an und bauen eine neue Brücke. Sind alle Paare durchgeschritten, tanzen sie weiter in der Reihe...

Baumstamm-Klettern

In Brasilien kann der Pfahl oder Baumstamm, der auf dem Festplatz für den Wettkampf im Baumklettern aufgebaut wird, bis zu 10 Meter hoch sein.

Material: 1 langer Holzpfahl oder Baumstamm von ca. 4-5 m Höhe, Säge, Schleifmaschine, Spaten, Steine, kleine Geschenke, evtl. Süßigkeiten
Alter: ab 6 Jahren (mit Hilfe eines Erwachsenen)

Alle Äste vom Pfahl oder Baumstamm absägen und den Stamm glätten, damit das Klettern nicht zu einfach wird und sich kein Kind verletzen kann. Die Spitze des Pfahls abflachen, damit ein kleines Geschenk dort platziert werden kann.
Auf dem Festplatz den Holzpfahl tief im Boden verankern und mit Steinen verkeilen, damit er wirklich sehr fest im Boden steht.
Auf die abgeflachte Spitze des Pfahles ein kleines Geschenk legen.
Nun klettern die Kinder nacheinander ohne Hilfsmittel an dem Pfahl hoch und versuchen das Geschenk zu erreichen.
Hinweis: Für kleinere Kinder können um den Stamm in verschiedenen Höhen Kleinigkeiten (Bonbons) mit einem Band befestigt werden, damit diese auch für ihre Kletterleistungen belohnt werden.

Ringewurf

Material: 3-5 mit Sand gefüllte Flaschen, 3-5 Holz- oder Plastikringe (Ø ca. 10 cm), 1 Tisch, kleine Geschenke
Alter: ab 3 Jahren

Die Flaschen auf den Tisch stellen und in altersgerechter Entfernung eine Linie auf dem Boden ziehen.

Jedes Kind hat fünf Würfe von der Linie aus, um die Ringe über möglichst viele Flaschen zu werfen.

Jeder Treffer wird mit einem kleinen Geschenk belohnt.

Interessiert ihr euch für Fußball? Die Jungen und Mädchen in Brasilien spielen ganz besonders gerne und oft auch stundenlang Fußball. Es ist dort die beliebteste Sportart. Alle brasilianischen Kinder glauben natürlich, dass die besten Fußballer der Welt aus ihrer Heimat kommen, und dass niemand über eine so gute Technik verfügt wie die brasilianischen Fußballstars.

Wenn das Wetter einmal zu schlecht ist um draußen zu kicken, spielen die Kinder in der Wohnung Tischfußball. Für dieses Spiel basteln sie ein eigenes Spielfeld, dazu Holzscheiben als Spieler, die sie in den Farben ihrer Lieblingsmannschaft anmalen, und natürlich einen Ball – ebenfalls aus einer Holzscheibe.

Affengesicht

Material: 1 große feste Pappe, Schere, Farben und Pinsel, Tennisbälle
Alter: ab 3 Jahren

Aus der Pappenmitte ein Loch herausschneiden, so groß, dass sich ein Tennisball bequem hindurch werfen lässt.

Um das Loch (Affenmaul) ein lustiges Affengesicht malen.

Die Pappe aufhängen oder zu zweit festhalten.

Die Kinder werfen abwechselnd den Ball durch die Mundöffnung.

Tischfußball

Material: 1 Spanplatte oder Tisch (ca. 1 m lang), Farbe, Pinsel, 20 Holzplättchen (alternativ große Holzknöpfe), ein kleineres Holzplättchen als Ball, 2 kleine Kartons, 2 leere Streichholzschachteln
Alter: ab 6 Jahren

Ein Fußballfeld mit Mittellinie, Anstoßkreis, Strafraum etc. auf den Tisch oder die Spanplatte zeichnen.

Jeweils zehn Holzplättchen in den Farben der Lieblingsfußballteams der Kinder anmalen und das Plättchen für den Ball schwarz-weiß bemalen.

Zwei kleine Kartons als Tore aufstellen und davor jeweils eine Streichholzschachtel als Torhüter platzieren.

Die Spielfiguren in ihren normalen Positionen, wie beim echten Fußball, auf dem Spielfeld aufstellen: Verteidiger, Mittelfeld, Stürmer, je nach dem System, das die Kinder bevorzugen.

Gespielt wird nach dem Prinzip des bekannten ,Flohspiels'.

Ein Kind beginnt, indem es den Ball in Richtung gegnerisches Tor schnipst. Dabei die Spielfigur zwischen Daumen und Zeigefinger nehmen, an den Rand des Balles anlegen und ruckartig (möglichst in die gewünschte Richtung) drücken. Die Spielfigur an der Stelle liegen lassen, wo beim Abstoß der Ball lag.

Liegt der Ball wieder auf dem Feld, übernimmt der nächstgelegene Spieler des Teams den Ball und spielt weiter.

Trifft der Ball jedoch eine Spielfigur der anderen Mannschaft, übernimmt dieses Team (die getroffene Spielfigur) den Ball und ist am Zug.

Ist eine Spielfigur mit Ball in aussichtsreicher Position vor dem gegnerischen Tor, muss der Spieler unbedingt seinen Torschuss ankündigen. Dann wird der ,Torwart' des vom Torschuss bedrohten Teams so postiert, dass es möglichst schwer wird, den Ball ins Tor zu bringen.

Ein nicht angekündigtes Tor zählt in keinem Fall.

Das Spiel kann über eine bestimmte Zeit, etwa 2 x 5 Minuten, gespielt werden oder bis das erste Team zehn Tore geschossen hat.

Katze und Ratte

Material: keins
Alter: ab 6 Jahren

Eine Gruppe von Kindern hält sich an den Händen und bildet einen Kreis. Ein Kind bewegt sich außerhalb des Kreises und spielt die Katze. Ein weiteres Kind wartet innerhalb des Kreises und spielt die Ratte. Die Katze klopft auf den Rücken eines Kindes im Kreis. Das Kind fragt: *„Was möchtest du?"* Die Katze antwortet: *„Ich will die Ratte sehen."* Das Kind ruft: *„Du kannst sie jetzt nicht sehen."* – *„Wann kann ich sie sehen?"*, fragt die Katze. *„Um zehn Uhr"*, lautet die Antwort.

Sofort beginnt der Kreis sich im Rhythmus zu drehen und die Kinder zählen die Stunden. Sie rufen: *„Ein Uhr, tick tack! Zwei Uhr, tick tack! Drei Uhr, tick tack!"* usw., bis sie die angekündigte Stunde ausrufen. Der Kreis steht still. Die Katze klopft wieder auf den Rücken des Kindes. Es fragt: *„Was möchtest du?"* Die Katze antwortet wieder: *„Ich will die Ratte sehen!"* Das Kind fragt: *„Wie spät ist es?"* – *„Zehn Uhr"*, antwortet die Katze. *„Du kannst sie jetzt sehen!"*, ruft das Kind.

Die Katze springt in den Kreis und versucht die Ratte zu fangen.

Die Ratte bemüht sich zu entkommen, indem sie schnell aus dem Kreis heraus und wieder hinein rennt. Die Katze muss die Ratte erwischen, während die Kinder bis 40 zählen. Schafft sie es, spielt die Ratte in der nächsten Runde die Katze und ein anderes Kind die Ratte.

Schafft sie es nicht, bleibt die Ratte im Spiel und ein anderes Kind versucht sein Glück als Katze.

Pesce – Fischfang

Material: 30 Blätter quadratisches Origami-Papier oder farbiges Tonpapier, Schere, Farbstifte, Draht oder Büroklammer, Zange, für jedes Kind eine Angel (1 langer Stock, Faden und 1 kleiner Magnet mit Loch), 20 kleine Geschenke, evtl. 1 Tuch oder Decke oder Spielfeldmarkierung
Alter: ab 5 Jahren (mit Hilfe eines Erwachsenen)

- Dreißig Fische wie unten beschrieben anfertigen oder einfache Fischformen aus Pappe ausschneiden, anmalen und mit Metallringen versehen.
- Auf zehn Fische eine große „1" schreiben, auf fünf eine „2", auf drei eine „3" und auf zwei eine „5".
- Die zwanzig Geschenke nach Wert in vier Kategorien aufteilen: zehn einfache Geschenke mit einer „1" versehen, fünf wertvollere mit einer „2", drei noch wertvollere mit einer „3" und zwei ganz besondere mit einer „5".
- Für die Angel an dem langen Stock eine ausreichend lange Schnur fest verknoten; das Ende der Schnur durch das Loch des Magneten ziehen und ebenfalls fest verknoten.

Drinnen als Spielfeld ein Tuch oder eine Decke auf den Boden legen und die Fische in der Mitte platzieren.

Draußen einen Kreis von 3 m Durchmesser im Sandkasten oder auf der Wiese vorbereiten. Eine Spielfeldbegrenzung festlegen, die die Kinder nicht übertreten dürfen und die Fische auf das Spielfeld legen, so dass die Metallringe nach oben zeigen.

Nach dem Startzeichen angeln alle Kinder gleichzeitig, so viele Fische wie möglich aus dem ‚Teich'. Sie dürfen dabei ihre Po-

sition um den ‚Teich' verändern, die Spielfeldbegrenzung aber nicht übertreten.

Ist der Teich leer gefischt, bekommen die
Kinder für jeden geangelten Fisch mit Zahl
ein kleines Geschenk, das mit der Nummer
des geangelten Fisches übereinstimmt.

Fisch Nr. 1:

- Das Blatt zu einer Hälfte falten, wieder
  öffnen und noch einmal falten und wieder öffnen, sodass vier Quadrate entstehen.
- Die gegenüberliegenden Ecken aufein-
  anderlegen und falten, sodass vier Dreiecke entstehen, und wieder öffnen.
- Das Blatt so zusammenfalten, dass ein
  Dreieck entsteht wie bei einer Schwal-
  be (s. Illustration).
- Die vorderen offenen Kanten bündig
  nach innen auf die Spitze falten.
- Die Spitze eines der jetzt verdeckten
  Dreiecke ca. 1 cm nach außen falten,
  sodass sie gut sichtbar wird, und den
  Fisch drehen – die Spitze befindet sich
  an der unteren Seite des Fisches.
- Schließlich ein Fischauge malen und an
  der Seite so ausschneiden, dass eine
  Schwanzflosse entsteht.
- An der Spitze ein ca. 1 cm langes
  Fischmaul ausschneiden.
- Den Fisch nach eigenen Ideen anmalen.
- Den Draht oder die gebogene Büro-
  klammer am Fischmaul durch das Pa-
  pier ziehen und mit der Zange zu einem
  Ring verdrehen.

Fisch Nr. 2:

- Die gegenüberliegenden Ecken aufeinander legen und falten, sodass vier Dreiecke entstehen, und wieder öffnen.
- Rechte und linke Seite des Blattes an die
  Innenfalz legen und falten.

- Das übriggebliebene Dreieck nach hin-
  ten drehen und falten.
- Die Form wieder umdrehen, die rechte
  und linke Spitze zur Mittelfalz falten, die
  schrägen Falzen öffnen und die beiden
  Dreiecke in die Faltform schieben.
- Die Dreiecke nach oben legen – jetzt
  sind die Flossen zu erkennen.
- Die Fischform quer legen und den
  Schwanz ca. 1 cm tief einschneiden.
- Die schmalen Spitzen nach oben und
  unten falten.
- Ein ca. 1 cm tiefes Fischmaul aus-
  schneiden, ein Fischauge malen und
  den Fisch nach Wunsch anmalen.
- Den Draht wie bei Fisch 1 befestigen.

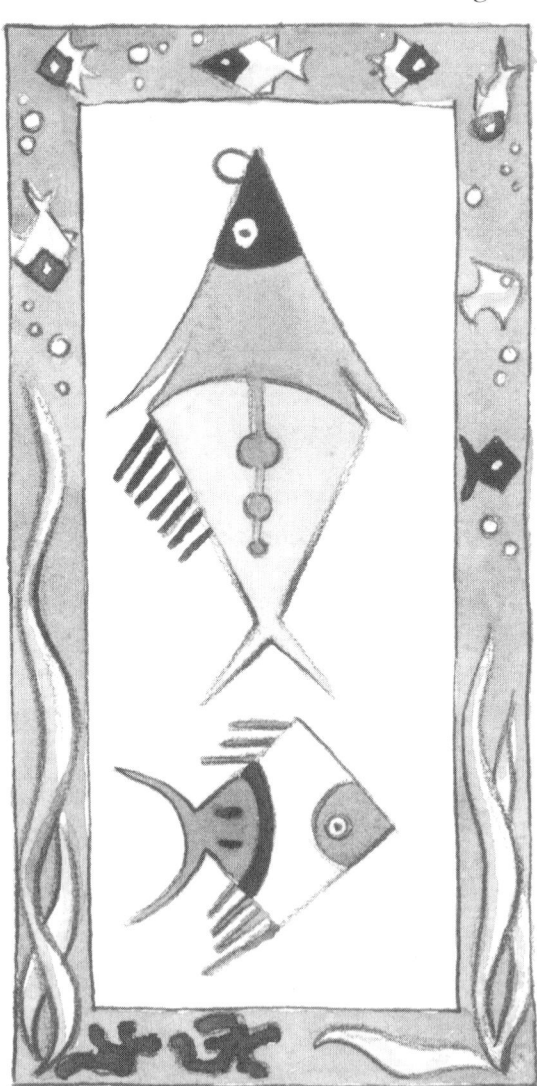

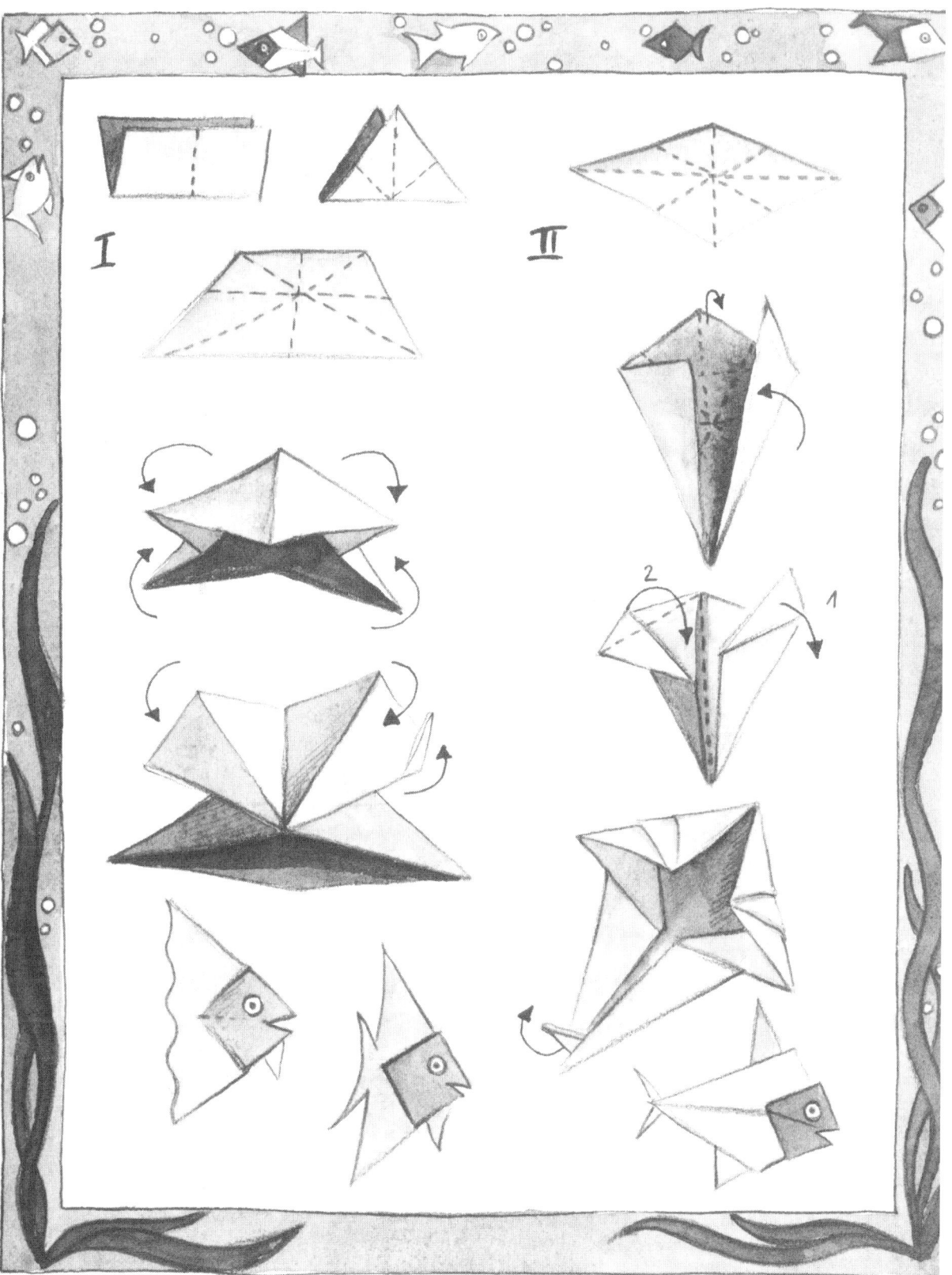

I

II

EL DIA DE LOS MUERTOS – DER TAG DER TOTEN

Die Mexikaner sagen oft: „Wir lieben es zu feiern. Die Fiestas sind der einzige Luxus, den wir uns leisten." Das besinnliche, christliche Allerheiligen-Fest heißt in Lateinamerika ‚Tag der Toten'. Am ‚Dia de los Muertos' wird die Erinnerung an die alten indianischen Religionen mit ihrem gänzlich anderen Umgang mit dem Tod und den Verstorbenen wach. In den USA und selbst in vielen europäischen Ländern fließen heute Elemente des Dia de los Muertos in das immer populärer werdende Halloween-Fest ein.

Der Tag der Toten wird in ganz Lateinamerika am 2. November gefeiert. Eigentlich beginnt das Fest allerdings schon einen Tag vorher. Der 1. November ist der ‚Dia de Muertos Chiquitos', der ‚Tag der kleinen Toten'. Er ist dem Andenken an die zu früh gestorbenen Kinder gewidmet. An diesem Abend bewegt sich eine Prozession von ganzen Familien, die Kerzen in den Händen halten, zum Friedhof. Dort beten sie, ihre Toten mögen doch für eine kurze Zeit zurück zu den Lebenden kommen. An den Gräbern werden Altäre errichtet, die mit Blumen und Fotos der Verstorbenen geschmückt sind. Die leuchtenden Farben der Dekoration und die brennenden Kerzen helfen den Verstorbenen, den Weg zu den Lebenden zu finden. Ein Getränk erwartet sie auf dem Altar, denn die Geister sind sehr durstig nach ihrer langen Reise. Die Angehörigen kochen die Lieblingsgerichte der Toten, backen Kuchen, manchmal in Form von Knochen, und bereiten Süßigkeiten für die Kinder. Für die verstorbenen Kinder wird spezielles Kinderessen

vorbereitet, ohne zu scharfe Gewürze, an denen sie sich verbrennen könnten.

Totenköpfe aus Zuckerguss, Skelette aus Pappmaché, als Anstecknadeln oder auf T-Shirts gedruckt sind allgegenwärtig. Gemeinsam verbringen viele Familien die Nacht auf dem Friedhof, feiern miteinander und hören die Musik der Mariachi-Gruppen. Der folgende Dia de los Muertos ist dem Andenken der verstorbenen Erwachsenen gewidmet. Etwa zur Zeit des Festes erreichen Millionen von Monarch-Schmetterlingen auf ihrer Wanderung jedes Jahr Mexiko. Die Menschen glauben, dass sie die Seelen der Verstorbenen zurück in ihre Heimat bringen.

Obwohl das Datum mit den christlichen Feiertagen Allerseelen und Allerheiligen übereinstimmt, reicht die Geschichte des Dia de los Muertos weit zurück in die Zeit, als noch kein Europäer amerikanischen Boden betreten hatte. Wahrscheinlich haben die Olmeken dieses Fest schon vor 3000 Jahren gefeiert. Von ihnen haben es die nachfolgenden Völker der Tolteken, Maya, Zapoteken, Mixteken und Azteken übernommen.

Die christliche Religion der Spanier wurde von der indianischen Bevölkerung im 16. Jahrhundert mit dem ursprünglichen Ritual verbunden, Heiligenbilder auf dem Altar platziert, das Datum von Ende Juli auf die christlichen Allerheiligen- und Allerseelen-Feste im November verlegt. Die Symbole des Tages der Toten sind allerdings immer noch wie vor 3000 Jahren das Skelett und der Totenkopf.

Anders als beim Allerheiligen-Fest in Europa gedenken die Mexikaner ihrer Verstor-

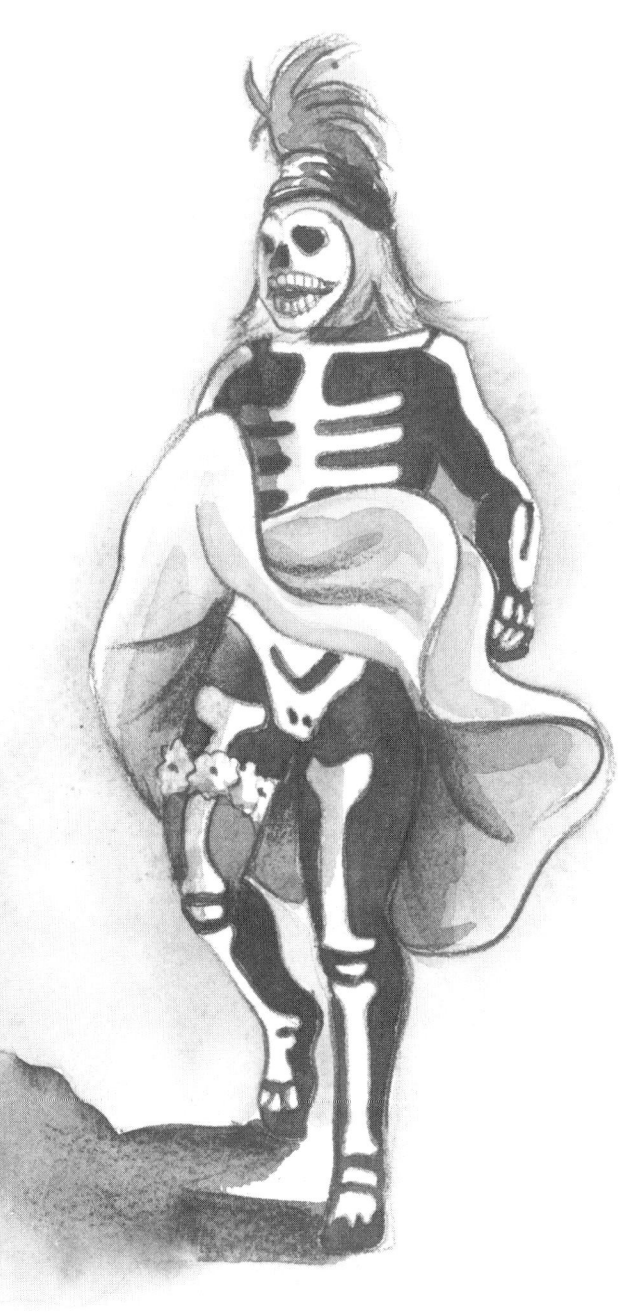

ihnen gefeiert. Für ein paar Stunden kehren die verstorbenen Freunde und Verwandten an die Plätze ihres Lebens zurück, um sich so zu vergnügen, wie sie es zu ihren Lebzeiten mochten.

In jedem Haushalt wird an zentraler Stelle ein Altar aufgebaut mit Fotos des Toten, bunten Blumen, Kerzen und Heiligenbildern. Der blaue Rauch von Copal-Weihrauch verleiht der Zeremonie seit Jahrhunderten einen sakralen Charakter. Das Haus wird mit bunten Papiergirlanden ausgeschmückt, auf denen Skelette in verschiedensten Formen dargestellt sind. Gerne werden die Skelette auch auf Bildern und Zeichnungen in typischen Situationen der Lebenden dargestellt. Skelette als musizierende Hampelmänner und Hampelfrauen sind bei den Kindern besonders beliebt.

Am Nachmittag des Dia de los Muertos legen die Kinder einen Pfad von bunten Blüten von den Häusern zurück zum Friedhof, damit die Toten den Weg zurück ohne Probleme finden.

All das ermöglicht den Mexikanern eine andächtige und dennoch humorvolle Begegnung mit dem Tod.

In manchen Gegenden finden am Tag der Toten Umzüge statt, bei denen sich viele Menschen als Skelett verkleiden. In anderen gehört ein Tanz zur traditionellen Feier. Nur die Männer tanzen, wobei sich die Hälfte von ihnen als Frauen verkleiden. Alle tragen Masken aus Holz oder Pappmaché oder vermummen ihre Gesichter mit Tüchern.

Im Gegensatz zum besinnlichen christlichen Gedenktag in Europa ist der mexikanische Tag der Toten ein Fest des Lebens und seiner Wunder. Statt den Tod zu verdrängen, wird er als wichtiger Teil des Lebenszyklus angenommen und fantasievoll in dieser Feier zelebriert.

benen nicht in einer Trauerstimmung. Sie sagen, der Weg zurück zu den Lebenden dürfe für die Toten nicht rutschig werden durch zu viele Tränen. Der Tag der Toten ist die fröhliche Begegnung der Lebenden mit den Toten und wird in einer ausgelassenen, karnevalistischen Atmosphäre gefeiert. Dieses große Fest für die Seelen der Verstorbenen wird von den Lebenden für die Toten vorbereitet und gemeinsam mit

Vorbereitungen für das Fest

Ofrenda – Altar für die Verstorbenen

Die moderne westliche Kultur verdrängt den Tod aus dem Alltagsleben. Die fehlende Normalität im Umgang mit dem Tod führt dazu, dass der Verlust eines Menschen meist nicht wirklich verarbeitet, sondern lediglich verdrängt wird.

Die Mexikaner haben eine humorvolle Normalität dem Tod gegenüber entwickelt. Schon die Kinder helfen in der Wohnung oder auf dem Friedhof einen Ofrenda, den Altar für ihre verstorbenen Verwandten, zu errichten. Der Altar ist eine positive Erinnerung an den verlorenen Menschen, mit seinem Foto, seinem Lieblingsessen und Lieblingsgetränk, bunten Blumen und schöner Dekoration.

Material: Tisch, Foto des (der) Verstorbenen, Lieblingsessen und Lieblingsgetränk, besonders geliebte Gegenstände, bunte Blumen, Papierblumen in den Farben lila (Schmerz), weiß (Hoffnung) und pink (Feier), Kerzen, Papiergirlanden, Obst, Pan de Muerto (S. 91), Schädel aus Zucker (S. 91), Weihrauch, kleines Handtuch, Waschschüssel und Seife

Alter: ab 4 Jahren (mit Hilfe eines Erwachsenen)

Am Allerheiligen-Tag den Tisch mit allen Gegenständen liebevoll dekorieren.

Ein Foto des Verstorbenen in der Mitte platzieren. Ringsherum Papiergirlanden aufhängen, Blumen verteilen und Kerzen und Weihrauch anzünden, um alles Böse zu vertreiben. Waschschüssel, Handtuch und Seife benötigt der Verstorbene, um sich nach seiner langen Reise die Hände zu waschen.

Hinweis: Wird dieser Altar von Kindern (für Kinder) gemeinsam gestaltet, bringen sie Bilder von den Menschen mit, die sie besonders gern hatten. Sie überlegen sich, womit sie ihnen eine besondere Freude machen könnten und dekorieren dann zusammen den Altar. Haben Kinder noch keine Erfahrung mit dem Sterben gemacht, unterstützen sie ihre Freunde und Freundinnen.

Pan de Muerto – das Brot der Toten

Zutaten:
1/4 Tasse Milch, 1/4 Tasse Margarine oder Butter, 1/4 Tasse Zucker, 1/2 TL Salz, 1 Pck. Trockenhefe, 1/4 Tasse warmes Wasser, 2 Eier, 3 Tassen Mehl, 1/2 TL Anissamen, 1/4 TL Zimt, 2 TL Zucker

Die Milch zum Kochen bringen und vom Herd nehmen.
Margarine oder Butter, Zucker und Salz einrühren.
In einer anderen, großen Schüssel die Hefe mit dem warmen Wasser vermischen und fünf Minuten stehen lassen, dann die Milchmasse hinzufügen.
Eier trennen und Eigelbe einrühren, das Eiweiß für später aufbewahren.
Nach und nach das Mehl hinzufügen. Den Teig kneten, bis er geschmeidig wird, abdecken und an einer warmen Stelle 90 Minuten gehen lassen.

Den Backofen auf 180 Grad vorheizen. Den Teig noch einmal durchkneten, dann in vier gleich große Stücke teilen: Drei Stücke zu Würsten rollen und zu einem langen Zopf flechten, das letzte Stück teilen und zwei Knochen daraus formen.
Die Knochen über dem Zopf kreuzen (wie auf einer Piratenfahne). Das Brot noch einmal 30 Minuten gehen lassen.
Währenddessen das Eiweiß steif schlagen.
In einer Tasse den Anissamen, Zimt und Zucker vermischen.
Nach der halben Stunde das Brot mit dem geschlagenen Eiweiß bestreichen, der Zuckermischung bestreuen und im Backofen 35 Minuten durchbacken.

Totenschädel aus Zucker

Zutaten:
2 Tassen Puderzucker, 1 Eiweiß, 1 Messerspitze Zuckersirup, 1/2 TL Vanillepulver, 1/3 Tasse Stärkepulver, Lebensmittelfarbe
Alter: ab 5 Jahren

Den Puderzucker durch ein feines Sieb streichen.
Das Eiweiß mit dem Sirup und dem Vanillepulver in einer sauberen, trockenen Schale vermischen.
Den Puderzucker gleichmäßig hineinrühren und mit den Händen verkneten, bis aus der Masse eine Kugel geformt werden kann.
Das Stärkepulver auf dem Tisch verstreuen, die Kugel darauf in die Form eines Totenschädels bringen, mit Frischhaltefolie fest umspannen und austrocknen lassen. Ist die Figur trocken, die Folie entfernen und mit Lebensmittelfarbe Mund, Zähne und Augen bemalen.

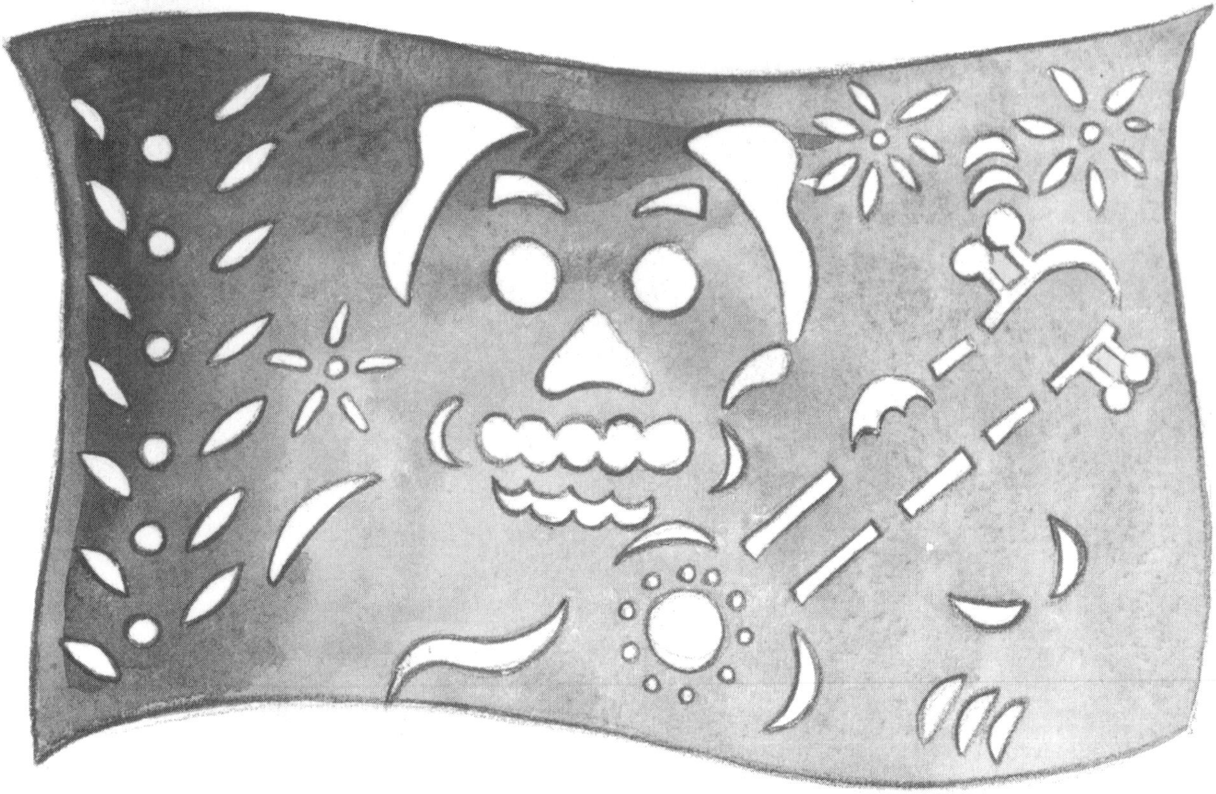

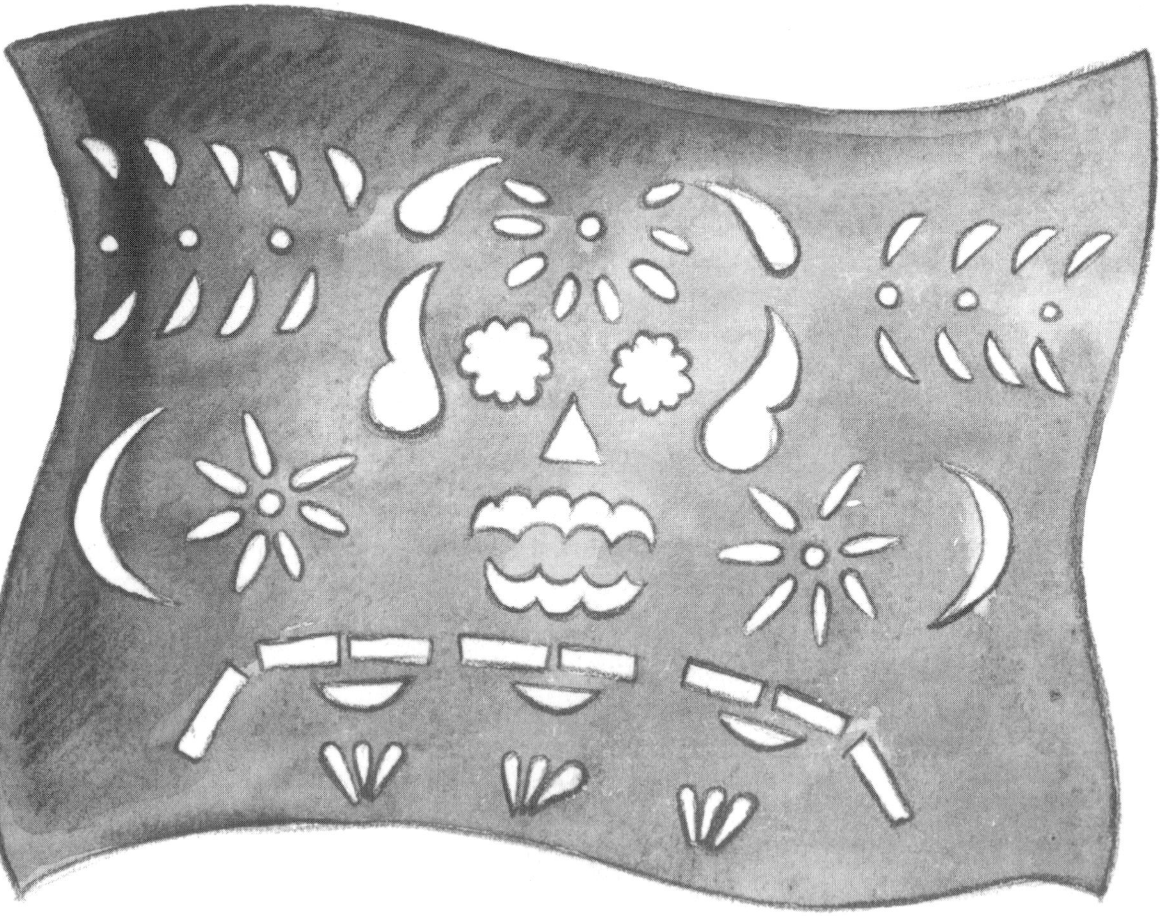

Papiergirlande

Material: mehrere Bögen farbiges Transparentpapier, 1 weißer Tonkarton für die Schablone, Stift, Schere, Klebstoff, dicker Faden (ca. 4 m lang)
Alter: ab 5 Jahren

Die Vorlage als Schablone auf den Karton übertragen und das Muster ausschneiden. Mit der Schablone die Muster auf das farbige Transparentpapier übertragen und vorsichtig ausschneiden.
Den Faden 1 cm unterhalb des oberen Papierrandes eines Motivs legen, das Papier darüber schlagen und festkleben.
Das nächste Muster in einer anderen Farbe erstellen, 1-2 cm neben das erste Blatt legen und wieder den Faden oben anlegen und verkleben.
Die Motive aneinander hängen, bis eine Girlande von 3-4 Metern entstanden ist.

Mexikanische Papierblume

Material: 4 farbige Papierservietten, Pfeifenputzer, Schere, Parfüm
Alter: ab 4 Jahren

Vier Papierservietten aufeinander legen und wie eine Ziehharmonika in 1 cm breite Streifen zusammenfalten.
Die Ecken der Ziehharmonika mit der Schere abrunden.
Den Pfeifenputzer auf halber Länge um die Mitte der gefalteten Servietten biegen und die Enden miteinander verdrehen.
Die einzelnen Lagen der Servietten vorsichtig auseinanderzupfen, bis die Blumenform herausgearbeitet ist.

Die Blüte mit etwas Parfüm bestäuben und auf den „Ofrenda", in eine Vase oder ins Haar stecken.

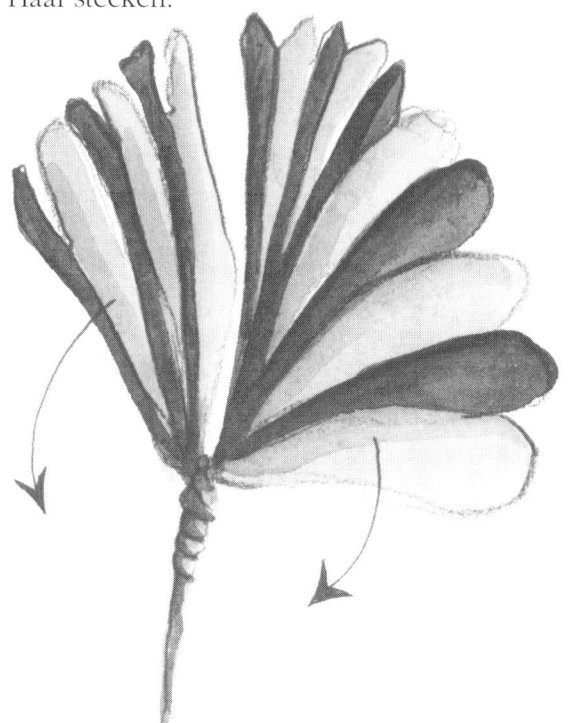

Calacas – Klappermann und Klapperfrau

Material: 1 Bogen weißer Tonkarton (DIN A3), Bleistift, spitze Schere, Malstifte, Briefklammern, Bindfaden, je ein Rundholz (50 cm lang, 0,5 cm dick), Klebeband
Alter: ab 6 Jahren

- Die Figur des Klappermanns oder der Klapperfrau entsprechend vergrößert in Einzelteilen auf den Tonkarton zeichnen – und zwar Kopf und Körper zusammen, Beine und Arme extra.
- Alle Teile ausschneiden und wie gewünscht bunt anmalen.
- Die Arme und Beine an den Körper anlegen, mit der spitzen Schere die Löcher durchstechen und mit den Musterklammern so verbinden, dass sich alle Teile noch leicht bewegen lassen.

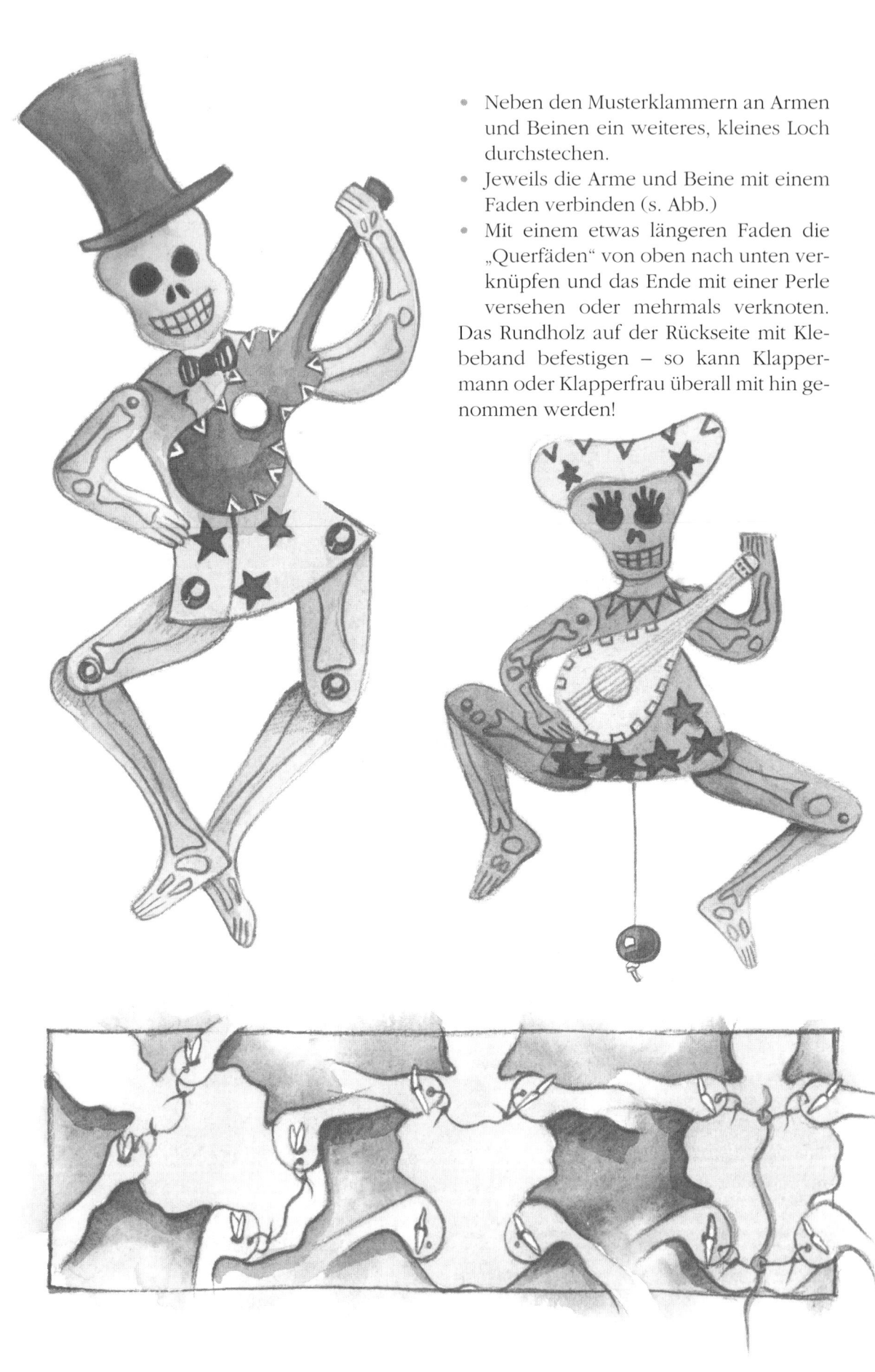

- Neben den Musterklammern an Armen und Beinen ein weiteres, kleines Loch durchstechen.
- Jeweils die Arme und Beine mit einem Faden verbinden (s. Abb.)
- Mit einem etwas längeren Faden die „Querfäden" von oben nach unten verknüpfen und das Ende mit einer Perle versehen oder mehrmals verknoten.

Das Rundholz auf der Rückseite mit Klebeband befestigen – so kann Klappermann oder Klapperfrau überall mit hin genommen werden!

Calavera –
das bewegliche Skelett

Material: 1 DIN A4-Bogen weißes Tonpapier, schwarzer Filzstift, spitze Schere, Briefklammern, in der Dunkelheit leuchtende Farbe
Alter: ab 6 Jahren

Ein Skelett (evtl. vergrößert) in seinen Einzelteilen auf das Tonpapier übertragen und sorgfältig ausschneiden.
An den vorgegebenen Punkten die einzelnen Teile mit der spitzen Schere durchstoßen und mit den Briefklammern so verbinden, dass alle Teile des Skelettes beweglich bleiben.
Das Skelett oder nur Teile davon mit der fluoreszierenden Farbe bemalen, damit es in der Dunkelheit leuchtet.

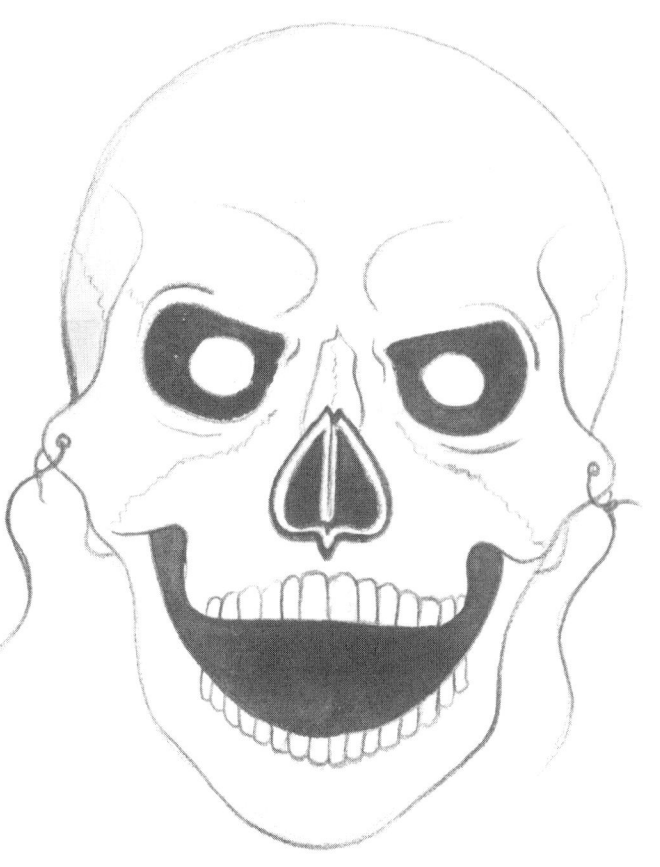

Totenkopfmaske

Material: 1 Bogen weißer Tonkarton (DIN A4), schwarzer Filzstift, Schere, Verstärkungsringe, Klebeband, Hutgummi
Alter: ab 6 Jahren

Die Vorlage der Maske – passend vergrößert – auf das Tonpapier übertragen. Die Augenlöcher ausschneiden.
Den Umriss der ‚Nase‘ einschneiden und den oben verbleibenden Falz mit Klebeband von innen verstärken.
Die seitlichen Markierungspunkte durchstechen; auf beiden Seiten mit Verstärkungsringen stabilisieren. Das Gummi durch die Löcher ziehen, am Kopf des Kindes anpassen und verknoten.

Musik und Tanz auf dem Fest

Bei vielen Fiestas ziehen die Kinder mit selbst gebauten Musikinstrumenten durch die Straßen. Sie imitieren oft die Blaskapellen, die an den Festtagen ebenfalls durch die Stadt ziehen. Oft spielen sie die Musik der Blaskapellen mit Instrumenten nach, die leicht zu basteln sind und für die sie nicht einmal üben müssen.

Vielleicht wollt ihr das ja auch einmal ausprobieren. Für diesen Zweck besonders geeignet ist ein Kazoo. Niemand muss auch nur einen Ton üben, um Kazoo spielen zu können. Haltet einfach den Mund an das Anblasloch und singt in das Instrument hinein. Mit ein wenig Übung im Singen könnt ihr sogar mehrstimmige Melodien spielen und natürlich alle eure Lieblingslieder.

Kazoo

Material: 1 dünne Röhre aus Holz oder Bambus (ca. 20 cm lang), Handbohrer oder Schere, Schmirgelpapier, Pergamentpapier, Gummiband, Tapetenkleister, Zeitungspapier, Gold- oder Silberpapier, Klebstoff

Alter: ab 3 Jahren (mit Hilfe eines Erwachsenen)

In die Röhre, ca. 5 cm entfernt von einem Ende, ein rundes Loch bohren oder schneiden und mit Schmirgelpapier glätten.
Die nahe Öffnung der Röhre mit einem Stück Pergamentpapier bedecken und mit dem Gummiband so fest verschließen, dass keine Luft an der Seite ausweichen kann.

Bis auf das Anblasloch die komplette Röhre mit Kleister einstreichen und dicht mit mehreren Schichten Zeitungspapierfetzen bekleben.
Nach dem Trocknen das Instrument mit Gold- oder Silberpapier überziehen.
Spielweise: Den Mund an das Anblasloch halten und in das Instrument hinein singen.

Indianische Trompete

Ein wichtiges Musikinstrument der Indianer war in alten Zeiten eine Trompete aus der Schale einer großen Meeresschnecke. Geeignet sind die typischen großen Schneckenhäuser, die den Kindern ans Ohr gehalten werden, damit sie das Meeresrauschen hören können. Solche Schneckenhäuser gibt es nur in bestimmten Regionen der Welt. Sie dürfen meist nicht mit aus dem jeweiligen Land genommen werden, um die Tierwelt des Landes nicht noch mehr zu schädigen, als es der Massentourismus ohnehin schon tut. Wer also kein besonders großes Schneckenhaus findet, kann auf eine einfache Alternative zurückgreifen: eine Paketrolle.

Material: 1 großes Schneckenhaus oder Paketrolle mit Deckel, Handbohrer bzw. Schere, Schmirgelpapier, evtl. Farbstifte
Alter: ab 6 Jahren

... aus einem Schneckenhaus:
Mit dem Handbohrer vorsichtig ein Anblasloch von ca. 2 cm Durchmesser in den oberen Bereich der Schale bohren. Scharfe Kanten mit Schmirgelpapier glätten.

... aus einer Paketrolle:

Etwa 10 cm von einem Ende entfernt mit der Schere ein Loch in die Seite der Paketrolle schneiden und ausweiten, sodass ein runde Öffnung von ca. 2 cm Durchmesser als Anblasloch entsteht. Mit dem Schmirgelpapier den Rand glätten.

Die Öffnung in der Nähe des Anblasloches mit dem Deckel verschlossen lassen, an der gegenüber liegenden Seite den Verschluss entfernen.

Spielweise: Mit dem Mund das Anblasloch verschließen, in das Instrument pusten und dabei die Lippen, ähnlich wie bei einer Trompete, Posaune oder beim Didgeridoo, vibrieren lassen.

Je größer das Anblasloch, desto einfacher ist es, einen Ton zu erzeugen.

Die Kakerlake

21
trad., dt. Text: Pit Budde

Die Ka - ker - la - ke, die Ka - ker - la - ke,

ist ein wun - der - schö - nes Tier. Doch sie sieht müd' aus, sie sieht so

müd' aus, gib ihr noch ein Schlück - chen Bier.

Schau, da kom - men uns - re Freun - de. Mit Ak - kor - deon und Trom -

pe - te. Ja, sie wol - len mit uns tan - zen.

Fei - ern wir 'ne gro - ße Fe - te.

Refrain:
La cucaracha, la cucaracha,
Ya no puede caminar
Porque no tiene,
Porque le falta
Tabaco que fumar

Die Kakerlake, die Kakerlake
Ist ein wunderschönes Tier
Doch sie sieht müd' aus
Sie sieht so müd' aus
Gib ihr noch ein Schlückchen Bier

1. Schau da kommen unsre Freunde
   Mit Akkordeon und Trompete
   Ja, sie wollen mit uns tanzen
   Feiern wir 'ne große Fete

2. Carlos ist kein guter Tänzer
   Tritt mir dauern auf die Füße
   Zieht Luisa an den Zöpfen
   Bis sie beißt, die kleine Süße

3. Klaus bringt seine große Trommel
   Doch denkt immer nur ans Essen
   Sitzt schon wieder in der Küche
   Hat die Party fast vergessen

4. Tuja, Rahel und die Anna
   Mögen ja so gern Tortilla
   Rolando unter dem Sombrero
   Sieht so aus wie Pancho Villa

Mexikanischer Huttanz

Musik: Die Kakerlake (• 21)
Material: mexikanische Kostüme: lange Kleider und weite Blusen für die Mädchen, schwarze Hose, weißes Hemd und schwarze Weste für die Jungen, für jedes tanzende Paar einen großen Strohhut (Sombrero)
Alter: ab 4 Jahren
Anzahl: beliebig, in Paaren

Jedes Paar tanzt, ohne sich zu berühren, stampfend um einen Hut, der vor ihm auf dem Boden liegt.
Die Mädchen halten die Zipfel ihrer Kleider in den Händen und bewegen sie ähnlich wie beim Flamenco hin und her.
Die Jungen verschränken die Hände hinter dem Rücken und greifen manchmal nach dem Hut, den sie gebückt tanzend für eine Weile in der rechten Hand halten.
Nach einiger Zeit wird die Musik immer schneller, die stampfenden Bewegungen heftiger.
Endet die Musik, nimmt sich der Junge den Sombrero, verbeugt sich vor dem Mädchen und setzt sich den Hut auf den Kopf.
Das Mädchen macht einen Knicks und beide gehen auf ihren Platz zurück.

Diablada – Teufelstanz

Der Teufelstanz und Teufelstänzer sind bei verschiedenen Festen, Zeremonien und Karnevalsumzügen zu sehen. Der Tanz war ursprünglich ein Ritual für die Gottheit Ruja. Er wurde angerufen, um die afrikanischen Sklaven aus ihrer furchtbaren Lebenssituation zu befreien. In Oaxaca ist der Tanz heute den Toten gewidmet. Aus diesem Grund ist er Teil der Festlichkeiten zum Dia de los Muertos. Die Tänzer tragen farbenfrohe Kostüme, dazu eine Teufelsmaske. Die Minga, den Frauencharakter im Tanz, spielt ein als Frau verkleideter Mann.

Musik: Die Kakerlake (• 21)
Material: bunte Kleidung, für jedes Kind 1 Teufelsmaske (s. u.), für die Figur der Minga 1 langes, bunt verziertes Mädchenkleid, 1 Puppe, 1 großes Seidentuch
Alter: ab 3 Jahren

Ein Kind spielt das Mädchen Minga, alle anderen sind Teufel.
Die Teufel stehen sich in zwei Reihen gegenüber und beginnen auf der Stelle zu tanzen.
Zwischen den Reihen tanzen ein ‚Oberteufel' und Minga vor und zurück, tanzen geduckt, springen in die Luft, drehen sich umeinander und beginnen von vorn.

Teufelsmaske

Material: 1 Bogen weißer Tonkarton (DIN A4), Farbstifte, Schere, Klebstoff, Hutgummi, Verstärkungsringe, 2 Blätter schwarzes Tonpapier (DIN A4) für die Hörner (s. Stiermaske S. 35)
Alter: ab 4 Jahren (mit Hilfe eines Erwachsenen)

Die Vorlage vergrößert (ohne die Hörner) auf den weißen Tonkarton übertragen, bemalen und ausschneiden. Nasenlöcher und Augenlöcher (‚Pupillen‘) nicht vergessen. Die Maske an den gestrichelten Linien einschneiden und überlappend zusammenkleben.
An den seitlichen Markierungen Löcher durchstoßen, von innen und außen mit den Verstärkungsringen stabilisieren, das Hutgummi durchziehen, an den Kopf des Kindes anpassen und fest verknoten.
Zwei Hörner wie bei der Stiermaske (S. 35) anfertigen und auf die Maske kleben.

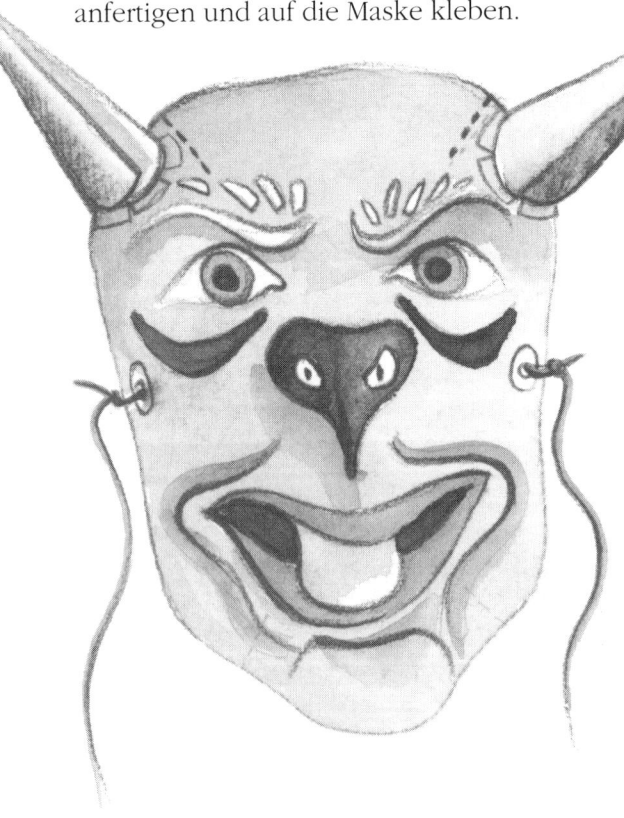

Der Coyote und die Schafe

Material: keins
Alter: ab 4 Jahren

Ein Kind spielt den Coyoten, ein Kind den Schäfer und die anderen die Schafherde. Die Schafe stehen hintereinander in einer Reihe. Dabei halten sie mit ihren Händen die Hüften des vor ihnen stehenden Kindes fest. Der Schäfer stellt sich schützend vor seine Schafherde.
Jetzt kommt der Coyote ins Spiel und stellt sich vor den Schäfer.
Der Schäfer fragt den Coyoten:
„Was willst du, Coyote?"
Der Coyote antwortet:
„Ich will fettes Fleisch!"
Der Schäfer ruft:
„Dann geh doch ans Ende der Reihe, da sind die fettesten Lämmer!"
Sofort versucht der Coyote am Schäfer vorbei ans Ende der Reihe zu gelangen.
Der Schäfer beschützt seine Herde, indem er mit ausgestreckten Armen hin und her läuft und so dem Coyoten den Weg versperrt.
Die Schafherde bleibt dabei immer direkt hinter dem Schäfer, damit das Ende der Reihe nicht ‚frei‘ wird. Bei diesem Gerangel darf sich die Reihe der Schafe nicht auflösen!
Löst sich die Reihe dennoch oder schafft es der Coyote, das letzte Schaf zu berühren, stellt sich der Coyote als letztes Schaf in die Reihe, der Schäfer ist der nächste Coyote und das erste Schaf in der Reihe wird der Schäfer.

LAS POSADAS, NAVIDAD, DIA DE LOS SANTOS REYES – DIE WEIHNACHTSZEIT IN MEXIKO

Seit der Christianisierung Lateinamerikas ist Weihnachten eines der wichtigsten Feste überall auf dem Kontinent. In den meisten Ländern feiern die Menschen Weihnachten ganz ähnlich wie in Deutschland. Tannenbäume und Schnee gibt es allerdings selten, mit Watte geschmückte einheimische Bäume sind aber ein sehr guter Ersatz. Die Kinder erhalten am Heiligen Abend ihre Geschenke und singen Weihnachtslieder, von denen wir einige auch in Deutschland kennen, z. B. „Stille Nacht, Heilige Nacht". Viele Familien bauen schon einige Tage vor dem Weihnachtsfest im Haus ein Krippenspiel auf. Das Christuskind fehlt allerdings noch, da sein Geburtstag ja erst am 24. Dezember ist.

In Mexiko beginnen die Feiern zur Weihnachtszeit bereits am 16. Dezember. Ab diesem Tag finden Prozessionen statt, die ‚Las Posadas' genannt werden. Die Kinder ziehen mit der Heiligen Familie durch den Ort. Zwei Kinder haben sich als Maria und Joseph verkleidet. Maria reitet auf einem Esel, den Joseph an der Leine führt. Die anderen Kinder folgen ihnen. Die Kleineren klopfen an die Haustüren und bitten die Bewohner vergebens das arme Paar doch aufzunehmen. Im Laufe der Zeit schließen sich immer mehr Kinder dem Zug an, bis er schließlich die Kirche erreicht. Nach dem Gottesdienst feiern die Kinder eine große ‚Piñata-Party'. Die Piñata ist ein mit Süßigkeiten gefüllter Tontopf, der fantasievoll gestaltet wird. Mit verbundenen Augen versucht ein Kind nach dem anderen, mit einem Stock die in der Luft hängende Piñata zu zerschlagen. Trifft ein Kind, zerbricht die Piñata, die Süßigkeiten purzeln auf den Boden und die Kinder teilen sie unter sich auf.

In anderen Gegenden tragen die Kinder bei ihrer Prozession zwei kleine Statuen mit Maria und Joseph und eine Laterne durch den Ort. Auch sie klopfen an die Türen, um eine Bleibe zu finden. In ein vorher bestimmtes Haus werden sie eingelassen. Die Kinder gehen ins Haus und versammeln sich um das aufgebaute Krippenspiel, beten und singen. Danach beginnt auch hier die Piñata-Party. Die ganze Woche vor dem Weihnachtsfest finden solche Prozessionen und Piñata-Parties statt.

Zur ‚Noche Buena', dem Heiligen Abend, besucht die ganze Familie die Mitternachtsmesse. Danach findet ein feierliches Essen im Kreis der Familie statt. Sie feiern die Geburt des Jesus-Kindlein, die ‚Navidad'. Ein typisches Essen für das Weihnachtsfest sind ‚Tamales', gefüllte Maisklöße, und Weihnachts-Bunuelos.

Die Kinder erhalten ihre Geschenke erst am ‚Dia de los Santos Reyes', dem Tag der Heiligen Drei Könige. Die Drei Weisen aus dem Morgenland brachten dem neugeborenen Jesus Geschenke und so sind es auch sie, die den braven Kindern in Mexiko die Geschenke bringen. Die Kinder haben schon Wochen vorher Briefe mit ihren Geschenkwünschen an die Heiligen Drei

Könige geschickt. Am Vorabend des 6. Januar stellen die Kinder ihre Schuhe ans Fenster oder vor die Tür. Sie wissen, dass die Drei Könige mit ihren Kamelen schon eine weite Reise hinter sich haben. Deshalb legen sie für die Kamele etwas frisches Gras vor die Tür und stellen ein Glas Wasser daneben. Am nächsten Morgen finden sie in und neben den Schuhen ihre Geschenke. Das Glas ist natürlich leer und das Gras verschwunden.

Am Nachmittag trinken die Kinder heißen Kakao und essen den Rosca de Reyes, einen ovalen, geflochtenen Kuchenkranz, der mit Trockenobst dekoriert ist. In seinem Inneren ist eine kleine Figur aus Keramik oder Zucker versteckt, die das Jesuskind repräsentiert. Das Kind, das in seinem Kuchenstück die Figur findet, ist der Pate des Jesuskindes beim ‚Dia de la Candelaria‘, dem Kerzenfest am 2. Februar, das dann im Haus seiner Eltern gefeiert wird. An diesem feierlichen Tag brennen überall in den Häusern Kerzen. Während eines großen Festes baut die Familie das Krippenspiel wieder ab. Die Weihnachtszeit ist damit endgültig beendet.

Hallo Kinder, ich habe wieder meinen Sombrero auf dem Kopf. Wisst ihr, was das bedeutet? Na klar, wir sind wieder in Mexiko. Jetzt wollen wir doch mal sehen, wie die Kinder in Mexiko Weihnachten feiern. Eins kann ich euch schon verraten: Es wird eine Piñata geben. Was, ihr wisst nicht, was eine Piñata ist? Da habt ihr wirklich was verpasst.

Die Piñata ist der Höhepunkt eines jeden Kinderfestes in Mexiko und vielen anderen Ländern Lateinamerikas. Ursprünglich gab es eine Piñata nur zu Weihnachten. Heute bekommen die Kinder auch an anderen Festtagen eine oder mehrere Piñatas: an Geburtstagen, am Namenstag und wann immer die Kinder etwas zu feiern haben. Die Piñata wird mit Süßigkeiten gefüllt und mit einem Strick an einem Ast oder in der Wohnung unter der Decke aufgehängt. Dort baumelt sie in der Luft. Mit verbundenen Augen versucht ein Kind nach dem anderen mit einem langen Stock in der Hand die Piñata zu treffen und zu zerschlagen. Damit das nicht zu leicht wird und die Spannung nicht zu schnell nachlässt, hält ein Erwachsener den Strick, an dem die Piñata befestigt ist, und zieht sie mal hoch, mal lässt er sie runter, je nachdem, wohin das Kind schlägt. Bei Geburtstagsfeiern ist deshalb meistens erst das Geburtstagskind erfolgreich, auch wenn es als letztes an den Start geht!

Ist die Piñata endlich getroffen und aufgeplatzt, purzeln aus ihrem Inneren Süßigkeiten, Nüsse, Obst und kleine Spielzeuge auf den Boden. Alle stürzen sich darauf und ein Festmahl beginnt.

Traditionell hat die Piñata die Form eines Sternes. In Mexiko werden extra dünne Tonkugeln hergestellt, aus denen zu Hause mit viel Liebe die Piñata gefertigt wird. Bei der Gestaltung einer Piñata sind mittlerweile der Fantasie keine Grenzen gesetzt: ein Löwe, ein Fisch, ein Schwan, ein Esel, ein Frosch, alles kann zur Piñata werden.

Lied von der Piñata

25

trad., dt. Text: Pit Budde

Lie - be Mut - ter, lie - ber Va - ter, wann gibt es
end - lich mei - ne Pi - ña - ta? Mit vie - len Kek - sen und Scho - ko -
la - de, mit Zu - cker - rohr und ei - ner Ba - na - ne. Und wenn wir
auf die Pi - ña - ta war - ten, kön - nen wir to - ben, drau - ßen im
Gar - ten. Hei - ßen Punsch, trin - ken die Da - men,
die schon längst kei - ne Zäh - ne mehr ha - ben.

Liebe Mutter, lieber Vater
Wann gibt es endlich meine Piñata

Mit vielen Keksen und Schokolade
Mit Zuckerrohr und einer Banane

Und wenn wir auf die Piñata warten
Können wir toben, draußen im Garten

Heißen Punsch, den trinken die Damen
Die schon längst keine Zähne mehr haben

Seht da kommt endlich mein Vater
Mit einer schönen, bunten Piñata

Mit vielen Keksen und Schokolade
Mit Zuckerrohr und einer Banane

Ja die Maria und auch der Steffen
Wollen die Piñata mit dem Stock treffen

No quiero oro ni quiro plata
Yo lo que quiero es comer la Piñata

Echen confites y canelones
A los muchachos que son muy tragones

De los pinitos a los ojotes
Saltan y brincan de cocote

Y que le sirvan ponches calientes
A las viejitas que no tienen dientes

Andale Nacho no te dilates
Con la canasta de los cacahuates

Andale Chucho sal del rincón
Con la charola de la colación

Piñata

Material: 1 runder Luftballon, Zeitungspapier, Tapetenkleister, Schere, Wasser- bzw. Finger- oder Plakafarben, Paketband, Bonbons, kleine Süßigkeiten, 1 Besenstiel als Schläger
Alter: ab 3 Jahren (mit Hilfe eines Erwachsenen)

Den Luftballon fest aufpusten und verknoten. Das Zeitungspapier zerschnipseln und mit dem Kleister in etwa vier Schichten auf den Luftballon kleben. Über Nacht trocknen lassen.
Am nächsten Tag oben in die Ballonform eine Öffnung von ca. 5 cm Durchmesser schneiden; der Luftballon platzt dabei.
Die Form bunt anmalen.
Neben der Öffnung mit der Schere zwei kleine Löcher durchstoßen, das Paketband als Aufhängung durchziehen und verknoten. Eventuell eine lange Schnur an der Piñata anbringen, damit sie während dem Spiel rauf und runter bewegt werden kann.
Die Piñata mit Süßigkeiten füllen.
Draußen über einen Ast oder drinnen an einem sicheren Ort aufhängen.

Der Reihe nach versuchen die Kinder mit verbundenen Augen die Piñata mit dem Besenstiel zu treffen und dabei zu zerschlagen. Um das Zerschlagen der Piñata etwas zu erschweren (oder zu lenken), kann ein Erwachsener mithilfe der langen Schnur die Höhe der Piñata während dem Spiel immer wieder verändern.

Mexikanische Stern-Piñata

Material: Piñata-Material (s. o.), 5 Blätter weißes Tonpapier (DIN A4), Glanzpapier und Krepppapier in verschiedenen Farben
Alter: ab 5 Jahren (mit Hilfe eines Erwachsenen)

Die Stern-Piñata wie unter ‚Piñata' beschrieben vorbereiten, jedoch nicht bemalen.
Fünf Tüten vorbereiten: die Tonpapiere zu Tüten drehen und an der Seite festkleben. Um die Tütenöffnungen im Abstand von je 1 cm Laschen einschneiden und nach außen knicken, damit die Tüten auf der Öffnung stehend mit der abgerundeten Fläche des Ballons abschließen können.
Die fünf Tüten so auf die vorbereitete Piñata-Form kleben, dass ein Stern entsteht: 4 Tüten stehen von der Mitte ab, 1 Tüte zeigt nach unten.
Die Sternspitzen mit buntem Glanzpapier bekleben.
Das Krepppapier in lange, 5 cm breite Streifen schneiden.
In die Streifen im Abstand von 2 cm Fransen ca. 2 cm tief einschneiden.
Die Fransenbänder in verschiedenfarbigen Reihen von unten nach oben so um die Piñata kleben, dass die Fransenreihen übereinander liegen und die Fransen nach unten fallen.
Die nicht vom Glanzpapier bedeckten Stellen der Sternspitzen von außen nach innen gleichermaßen mit Fransenbändern umwickeln.
An der Öffnung der Piñata rechts und links ein Loch durchstechen und ein festes Band durchziehen.
Die Piñata mit Süßigkeiten füllen und aufhängen.

Fiesta-Kleidung der mexikanischen Kinder

Bei manchen Festen verkleiden sich die Kinder als Campesinos, in der traditionellen Tracht der mexikanischen Bauern.

Material:
für die Mädchen: je 1 langes weites, weißes Kleid, 1 breite bunte Borte, Nadel und Faden, Schere, 1 dunkles langes Kopftuch, 1 Strohhut, Papierblumen, Sicherheitsnadeln, Sandalen;
für die Jungen: je 1 einfach geschnittene weiße Leinenhose mit Gummizug, bunte Borten, 1 weißes Männerhemd, Nadel und Faden, Schere, 1 rotes Tuch als Gürtel, 1 Strohhut, 1 rotes Halstuch, Sandalen
Alter: ab 6 Jahren (mit Hilfe eines Erwachsenen)

Für die **Mädchenkleidung** unten am Kleid die bunte Borte annähen.
Das Kopftuch umbinden und wie eine Schleppe über den Rücken fallen lassen. Die Papierblumen mit Sicherheitsnadeln auf dem Strohhut feststecken und mit diesem zusätzlich das Kopftuch befestigen. Die Sandalen ohne Strümpfe anziehen.

Für die **Jungenkleidung** um die Hosenbeine unterhalb des Knies zwei Ringe aus den bunten Borten nähen.
Am unteren Hemdsärmel ebenfalls eine Borte annähen.
Das Hemd wird über der Hose getragen, der Gürtel um die Taille geschlungen. Der Strohhut schützt den Kopf gegen die Sonne. Das rote Halstuch und die Sandalen komplettieren das Kostüm.

Ojo de Dios –
das ‚Auge Gottes'

Die Huichol in Mexiko und die Aymara in Bolivien weben buntes Garn auf zwei gekreuzte Stöckchen zu dem ‚Ojo de Dios', dem ‚Auge Gottes'. Ursprünglich stand das Auge Gottes auf dem Altar, sodass die Götter die Betenden beobachten und beschützen konnten. Heute werden die Ojo de Dios oft auf den Märkten zum Kauf angeboten. Für das Weihnachtsfest können die selbst gebastelten Ojo de Dios in den Tannenbaum oder ans Fenster gehängt werden.

Material: 2 gleich lange, platte Stöckchen (z. B. vom Eis am Stiel), Klebstoff, Garn- oder Wollfäden in verschiedenen Farben, Schere, evtl. 4 kleine Glöckchen
Alter: ab 4 Jahren

Die Hölzer in der Mitte als Kreuz zusammenkleben.
Den ersten Wollfaden um das Kreuz schlingen und verknoten, dann von rechts nach links um das erste Holz schlingen, den Faden von dort immer zum nächsten Holz spannen und dieses umschlingen, bis der Faden endet.
Einen zweiten, anders farbigen Faden anknoten und weiter fortfahren wie bisher, dann den dritten Faden ebenso befestigen...
Den letzten Faden am Ende an einem Holz verknoten.
An dem fertigen Auge eine kleine Schlaufe ankleben, mit der das Auge Gottes im Zimmer oder am Weihnachtsbaum aufgehängt werden kann.

Variante:
An allen vier Enden kleine Glöckchen befestigen und das Ojo de Dios an einem langen Faden am Fenster oder nahe der Tür aufhängen.

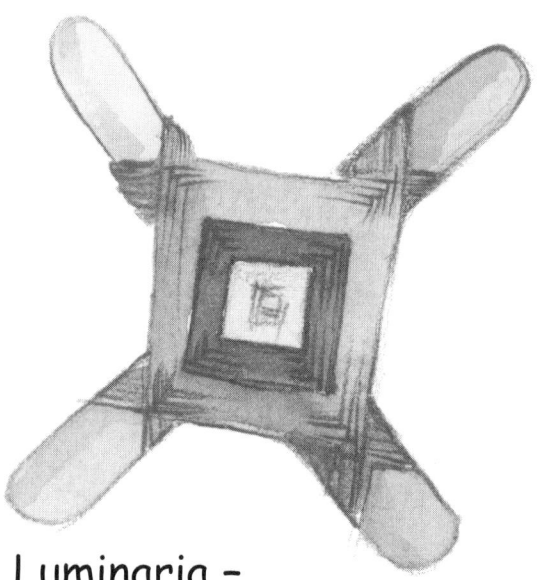

Luminaria –
Weihnachtslaterne

Seit dem 18. Jh. werden in Mexiko Weihnachtslaternen aufgestellt. Ganze Reihen der ‚Luminarias' vor den Häusern symbolisieren den Weg der Heiligen Familie auf der Suche nach einer Unterkunft.

Material: 1 große dunkle Papiertüte, Schere, Bleistift, farbiges Transparentpapier, Klebstoff, Sand, 1 kleine Kerze, Streichhölzer
Alter: ab 4 Jahren (mit Hilfe eines Erwachsenen)

Die Henkel der Tüte abschneiden.
Sterne, Monde und andere Muster rings um die Papiertüte aufzeichnen und ausschneiden, dabei das untere Viertel der Tüte aussparen.
Von innen gegen die Löcher farbiges Transparentpapier kleben.
Die Tüte zu einem Viertel mit Sand auffüllen, in der Mitte der Tüte die Kerze in den Sand stecken. Die Weihnachtslaterne (wenn möglich auch mehrere) draußen vor dem Haus am Eingang aufstellen. Die Kerze bei Einbruch der Dunkelheit vorsichtig anzünden.

Tamales

Zutaten:
1 Pfund Maismehl, Salz, Wasser, grüne, nicht gespritzte Maisblätter

Das Maismehl mit dem Salz vermengen. Nach und nach warmes Wasser dazugeben und kneten, bis ein fester Teig entsteht. Vorsichtig ein sauberes Blatt vom Maiskolben ziehen, mit dem Fingernagel das Blatt an der Seite einritzen und eine Faser aus dem Blatt ziehen.

Einen Esslöffel Teig auf das gewaschene Maisblatt geben, den Teig in das Blatt einrollen und mit der Maisblattfaser zusammenbinden: am besten mit einer kleinen, aber festen Schleife, damit die Klöße sich nicht auflösen und in garem Zustand leicht geöffnet werden können.

In einem großen Topf reichlich Salzwasser aufkochen und mit einem Löffel vorsichtig die Tamales in das siedende Wasser geben. Sie sind gar, wenn sie an der Wasseroberfläche schwimmen. Die Tamales mit einem Schöpflöffel vorsichtig aus dem Topf heben, kurze Zeit abkühlen lassen, vorsichtig die Schleifen lösen und die Tamales auspacken.

Tamales schmecken besonders gut zu Lammfleisch oder Chili-Gerichten.

Variante: Kleine Stücke gekochtes Hühnerfleisch und Chili-Sauce in die Tamales füllen: Erst eine Hälfte des Teiges auf das Maisblatt geben, etwas Füllung darauf geben und mit der zweiten Hälfte des Teiges bedecken.

Hinweis: Das Maismehl gibt es in großen Supermärkten oder aber in orientalischen Läden. Die Maisblätter sollten vom Zuckermais stammen, der im Herbst auf dem Markt, von Bio-Bauern oder in Bio-Läden angeboten wird.

Weihnachts-Bunuelos

Zutaten:

4 Tassen Mehl, 1 TL Backpulver, $1/2$ TL Salz, 3 Eier, 2 EL Butter, Wasser, reichlich Öl, 500 g brauner Rohrzucker, die Schalen von zwei ungespritzten Orangen

Mehl, Backpulver und Salz auf dem Tisch vermischen.

In der Mitte eine Vertiefung bilden und die Eier mit der klein gehackten Butter hineingeben.

Die Zutaten zu einem festen Teig kneten, dabei bis zu eine Tasse Wasser nach und nach dazu geben.

Den Teig kneten und schlagen, bis er Blasen bildet, und anschließend zwei Stunden ruhen lassen.

Eigroße Kugeln formen und mit dem Nudelholz zu Fladen ausrollen, die am Rand dicker, in der Mitte dünn sein dürfen.

In einer großen Pfanne das Öl erhitzen. Die Bunuelos einzeln auf beiden Seiten goldbraun braten und gut abtropfen und abkühlen lassen.

Den Rohrzucker mit $1/2$ l Wasser und den in Scheiben geschnittenen Orangenschalen 25 Minuten zu einem Sirup einkochen. Die Bunuelos in portionsgerechte Stücke brechen, kurz im Zuckersirup einweichen und servieren.

Alternativ kann statt des Zuckersirups auch Honig oder Ahornsirup verwendet werden.

Rosca de Reyes – Kuchen zum Tag der Heiligen Drei Könige

In Mexiko wird in diesem Kuchen ein Püppchen (das Jesuskind) versteckt. Das Kind, das das Püppchen in seinem Kuchenstück findet, ist ‚Pate‘ des Jesuskindes. Bei ihm findet dann das Kerzenfest, ‚Dia de la Candelaria‘ am 2. Februar statt.
Bei uns könnte dieses Kind auch in anderer Form ‚belohnt‘ werden: es hat z. B. einen Wunsch frei oder darf die nächsten Spiele bestimmen...

Zutaten:

30 g Hefe, Wasser, 6 Tassen Mehl, 6 Eier, $3/4$ Tasse Zucker, $1/2$ TL Salz, 5 Eigelbe, 2 TL Orangenwasser, die Schale einer ungespritzten halben Limone (alternativ: Zitrone), 300 g Butter, Mehl und Fett für das Backblech, Trockenobst, eine kleine Puppe aus Plastik oder Porzellan

Die Hefe in 4 EL warmem Wasser auflösen. $1/2$ Tasse Mehl dazugeben, alles zu einem festen Teig kneten und bedeckt an einem warmen Ort 30 Minuten gehen lassen.

In der Mitte des restlichen Mehls eine Vertiefung bilden, 5 Eier, $1/2$ Tasse Zucker und das Salz hineingeben und zu einem Teig verkneten.

Die 5 Eigelbe, das Orangenwasser, die geriebene Limonenschale, Butter und den Hefeteig dazugeben und gut durchkneten. Bedeckt noch einmal 20 Minuten gehen lassen.

Teig nochmals kneten und zu einem Kranz formen.

Backblech einfetten und mit Mehl bestreuen. Den Kranz auf das Backblech legen, mit einem geschlagenen Ei bestreichen, mit dem restlichen Zucker bestreuen und dem in Streifen geschnittenen Trockenobst garnieren.

Im vorgeheizten Ofen bei 180 Grad 30 Minuten durchbacken.

Nach dem Herausnehmen das Püppchen von unten in den Kuchen stecken.

Champurrada

Zutaten: 6 Tassen Vollmilch, 100 g bittere Schokolade, 1 Tasse Maismehl, 2 Tassen Wasser, 1 Zimtstange, 1 Tasse brauner Zucker

Milch und die klein gehackte Schokolade in einer Pfanne erhitzen, bis sich die Schokolade aufgelöst hat, dann beiseite stellen und warm halten.

Das Maismehl mit dem Wasser in einem Topf bei niedriger Hitze verrühren.

Die Zimtstange dazugeben und aufkochen, bis die Masse eindickt und durchsichtig wird.

Die Schokoladenmilch und den braunen Zucker hineinrühren und bei geringer Hitze ein paar Minuten köcheln lassen.

Die Zimtstange herausnehmen und den Champurrada heiß in Tassen oder Schalen servieren.

Heiße Schokolade

Zutaten: 100 g bittere Schokolade, 1 l Wasser (alternativ: Milch), 1 Teelöffel Zimt, 1 Teelöffel Vanillepulver, 1 Tasse Zucker

Die Schokolade mit ein wenig Wasser bei geringer Hitze auflösen.

In einem Topf das Wasser (bzw. Milch) mit Zimt und Vanillepulver aufkochen.

Die Schokolade und den Zucker dazugeben und unter ständigem Umrühren kochen lassen, bis sich Schaum bildet.

DER ‚CARNAVAL DE BLANCOS ET NEGROS' IN PASTO

Die kolumbianische Stadt Pasto liegt im Norden der Anden, nicht weit von der Grenze zu Ecuador. Sie ist geprägt durch das Zusammenleben von Weißen, Schwarzen und Indios. Im täglichen Leben und natürlich auch bei den Festen sind immer Elemente aller drei Kulturen sichtbar. So auch beim ‚Carnaval de Blancos et Negros', dem ‚Karneval der Weißen und Schwarzen'. Ungewöhnlich dabei ist, dass dieser Karneval in der Zeit nach Weihnachten, zwischen dem 27. Dezember und dem 10. Januar, gefeiert wird. Es ist eine Zeit des Tanzens, Singens und eine Zeit der Fröhlichkeit. Gleichzeitig ist der Karneval ein Fest voller Ironie und dient offensichtlich als Ventil für den Ärger mit dem Nachbarn genauso wie für die Unzufriedenheit mit der Regierung und den lokalen Politikern.

Der Carnaval de Blancos et Negros beginnt am 27. Dezember mit dem ‚Tag der Unschuldigen'. Das ist ein Tag voller offener und heimlicher Streiche. Vor langer Zeit, wird in Pasto erzählt, hielt ein wichtiger Mann eine Rede vor den Einwohnern der Stadt. Mit dem, was er sagte, waren die Menschen überhaupt nicht einverstanden und so bewarfen sie ihn mit Tomaten und allem, was sie gerade greifen konnten. In Erinnerung an diesen Tag bespritzen sich die Menschen am Tag der Unschuldigen mit Wasser. Auf der Straße sollte man vorsichtig sein, um nicht immer wieder mit Wasserbomben beworfen zu werden oder einen Eimer Wasser über den Kopf geschüttet zu bekommen.

Aber es gibt auch heimliche Streiche. So werden von außen Türen und Fenster zugebunden oder Namensschilder ausgewechselt. Da hängt plötzlich an der Anwaltspraxis ein Schild für die Räume der Hebamme, am Büro der Bergwerksgesellschaft die Werbung des Bestattungsinstitutes. Ein schöner Streich war es, als zwei Männer ein Pferd ganz eng an den Knauf der Haustür eines Freundes banden. Es war mitten in der Nacht und das Pferd wollte gerne zurück in seinen Stall. So begann es gegen die Tür zu treten. Der erschrockene Hausherr konnte durch die geschlossene Tür natürlich nicht sehen, was los war. Mit aller Kraft versuchte er die Tür nach innen zu öffnen, während das Pferd draußen mit aller Kraft in die entgegengesetzte Richtung zog. Schließlich gelang es dem Mann mit Bärenkräften die Tür zu öffnen. Allerdings zog er mit der Tür auch das Pferd ins Haus, das plötzlich in seinem Wohnzimmer stand. Hundert Meter entfernt warteten die beiden Freunde und amüsierten sich köstlich.

An den restlichen Tagen bis Neujahr basteln Kinder und Erwachsene in jedem Haushalt eine große Strohpuppe. Jede Familie versucht eine möglichst lustige, fantasievolle Puppe anzufertigen. Oft sind es ironisch überzeichnete Figuren, die mit alten Kleidern oder Tüchern angezogen sind. Am 31. Dezember werden die Puppen vor die Tür gestellt und die Bewohner der Stadt spazieren durch die Straßen, um sie sich anzuschauen. Die Kinder bleiben in der Nähe der Puppen. Sie sammeln von den Passanten Geld, mit dem sie sich später Kracher und Raketen für das große Feuerwerk um Mitternacht kaufen. Am Nachmittag findet ein Umzug mit großen

Puppen aus Pappmaché statt. Die schönsten von ihnen werden prämiert, die anderen um Mitternacht wie die Strohpuppen vor den Häusern verbrannt.

Nach dem Feuerwerk und dem Verbrennen der Puppen zieht die ganze Familie durch das Viertel, um mit Freunden oder auch Fremden gemeinsam zu feiern. Gegessen werden vor allem Empanadas aus Mais, gefüllt mit Erbsen, Bohnen, Reis und Fleisch.

Am 3. Januar beginnen die Vorbereitungen für den großen Karneval. Es ist der Tag der Familie Castaneda. Diese Familie gilt als Symbol für die weiße Kultur, die mit viel Ironie bei einem Umzug mit Masken und Verkleidungen dargestellt wird. Jeder versucht so komisch wie möglich auszusehen und durch seine Verkleidung die Spanier zu verspotten.

Am 4. Januar zieht nochmals ein Zug durch die Straßen, dieses Mal zum Bürgermeister der Stadt. Dieser händigt symbolisch die Schlüssel der Stadtviertel und damit die Macht über die Stadt an die Feiernden der einzelnen Viertel aus.

Der 5. Januar ist der ‚Dia de los Negritos‘, der ‚Tag der Schwarzen‘. Diese Tradition wurzelt in der Zeit, als die Schwarzen noch in der Sklaverei lebten. Sie mussten jeden Tag von morgens bis abends unter schlimmsten Bedingungen arbeiten. Der 5. Januar war der erste Tag, an dem sie frei bekamen und feiern durften. Sie trommelten, sangen und tanzten und malten alle, die in ihre Nähe kamen, mit Ruß schwarz an. Heute symbolisieren die Feiern an diesem Tag die Gleichheit aller Menschen. Jeder, der am 5. Januar auf die Straße geht, malt sich selbst schwarz an oder wird von den Feiernden mit Ruß geschwärzt.

Der 6. Januar ist der Höhepunkt des Karneval: der ‚Dia de los Blancos‘, der ‚Tag der Weißen‘. Wer an diesem Tag auf die Straße geht, wird mit weißem Puder oder Mehl eingestäubt. In einer großen Parade ziehen die Wagen der Karnevalsvereine durch die Stadt. Sie sind aufwendig gestaltet mit vielerlei aus Pappmaché gebastelten Figuren. Die Themen sind oft eine ironische Auseinandersetzung mit der Politik und der eigenen Kultur, aber auch dem Umweltschutz und historischen Ereignissen. Nach den großen Wagen ziehen Gruppen, die sich zu bestimmten Themen verkleidet haben oder gleiche Masken tragen, Stelzenläufer und jeder, der sich dem Zug anschließen möchte, durch die Stadt.

‚Carnevalito‘ heißt der letzte Tag des Karneval, der 10. Januar. Sind bei allen Karnevalsfeiern die Kinder selbstverständlich mit dabei, so ist dieser Tag doch ganz besonders für sie gedacht. Am Carnevalito, dem ‚kleinen Karneval‘, feiern die Kinder noch einmal richtig ausgelassen, bevor die schöne Zeit des Karnevals vorbei ist und sich alle auf das nächste Jahr freuen.

Hallo Kinder, da bin ich wieder. Jetzt sind wir in Kolumbien gelandet. Das ist ein Land im Norden von Südamerika. Und die Stadt Pasto, wo wir mit den Kindern Karneval feiern wollen, liegt in den Anden, dem großen Gebirge. Wie würde euch der Tag der Unschuldigen gefallen? Ein Tag, an dem alle nur Streiche im Kopf haben. Ich finde ihn besonders toll. Mal sehen, welche Streiche davon ich meinen Freunden zu Hause im Regenwald spielen kann! Da fällt mir wirklich was richtig Lustiges ein: das Konfetti-Ei! Das ist für den Tag der Unschuldigen, aber auch für jede andere Feier besonders gut geeignet. Es wird ausgeblasen, mit Konfetti gefüllt und zum Spaß auf dem Kopf eines Freundes aufgeschlagen!

Konfetti-Ei

Material: rohe Eier, Tasse, Dorn, Konfetti, durchsichtiges Klebeband
Alter: ab 4 Jahren (mit Hilfe eines Erwachsenen)

Ein rohes Ei mit dem Dorn an beiden Seiten aufpieksen und die Löcher vorsichtig auf 0,5 cm erweitern und auspusten.
Das ausgeblasene Ei auswaschen und gut trocknen lassen.
Das trockene Ei vorsichtig mit Konfetti füllen und beide Löcher mit dem Klebeband verschließen.

Die Kinder schlagen das Ei auf dem Kopf eines Freundes auf. Das Konfetti verteilt sich im Haar und auf der Kleidung und bleibt lange daran haften!

Strohpuppe für Silvester

Material: viele alte Zeitungen (von ca. einem Monat!) als Füllmaterial, 1 alte Hose, 1 altes Hemd, Sicherheitsnadeln, 1 alter Gürtel, 1 braune Papiertüte, Filzstifte, 1 Hut oder Mütze, 1 Schal
Alter: ab 4 Jahren

Die Hose mit zusammengeknüllten Zeitungen fest ausstopfen, aufrichten und an eine Wand lehnen.
Das Hemd wie beim Anziehen in die Hose stecken, mit Sicherheitsnadeln befestigen und bis zum Kragen mit Papier ausstopfen (die Ärmel nicht vergessen!).
Den Gürtel um die Hüften der Puppe befestigen.
Die braune Papiertüte zu 3/4 mit Papier als Kopf ausstopfen und unten als Hals zusammendrehen.
Den ‚Hals‘ in den Kragen des Hemdes stecken und ebenfalls mit Sicherheitsnadeln befestigen.
Mit den Filzstiften ein Gesicht auf die Tüte malen.
Der Puppe den Hut oder die Mütze auf den Kopf setzen und den Schal um den Hals wickeln.

Am Silvestermorgen die Puppe auf einen Stuhl vor die Haustür setzen und, wenn möglich, um Mitternacht an einer sicheren Stelle verbrennen.

Masken von Herrn und Frau Castaneda

Am Tag der Familie Castaneda, dem 3. Januar, findet ein großer Umzug statt. Die Feiernden verkleiden sich so komisch wie möglich. Mit den Figuren der Castanedas, die für die ‚weiße Kultur' stehen, karikieren sie die Spanier und verspotten damit ihre ehemaligen Eroberer.

Material: 2 Bögen weißer Tonkarton (DIN A4), Malstifte, Schere, Klebstoff, Locher, Verstärkungsringe, Hutgummi
Alter: ab 4 Jahren

Die Masken von der Abbildung auf das Tonpapier (evtl. passend vergrößert) übertragen, ausmalen und anschließend ausschneiden.
Die Augen (,Pupillen') ebenfalls ausschneiden.
Die Seitenlöcher mit dem Locher durchstanzen oder mit der Schere vorsichtig durchstechen und auf beiden Seiten mit Verstärkungsringen stabilisieren.
Das Gummiband durchziehen, an den Kopfumfang anpassen und verknoten.

Zu einer richtigen Feier gehört auch ein gutes Essen. Vielleicht mögt ihr ja wie die Menschen in Pasto die Empanadas besonders gerne.

Ich selbst bevorzuge den süßen Obstsalat mit Mangos, Passionsfrüchten und Papayas. Diese Obstsorten könnt ihr mittlerweile auch in manchen Supermärkten in Deutschland kaufen.

Falls ihr die Früchte einmal probieren wollt, gebe ich euch ein paar Tipps:

Wenn ihr eine Mango kauft, muss sie schon richtig weich sein. Die Mango schälen und das Fruchtfleisch in Stücken vom Kern schneiden. Bei den Passionsfrüchten solltet ihr darauf achten, dass sie etwas verschrumpelt aussehen, wenn ihr sie esst. Die Frucht in der Mitte durchschneiden und mit einem Teelöffel auslöffeln. Die Kerne könnt ihr getrost mitessen. Die Papaya sollte ähnlich wie die Mango weich sein, wenn ihr sie essen wollt. Die Papaya längs halbieren, die Kerne entfernen und dann Zitronensaft in die Aushöhlung schütten. Anschließend mit dem Teelöffel auslöffeln!

Empanadas

Zutaten:

500 g Maismehl, 125 g Margarine, 1/2 Tasse warmes Wasser, Salz, 250 g Zwiebeln, Öl, 1 kleine grüne Paprika (alternativ: Bohnen, Erbsen, Reis), 500 g Gehacktes, Pfeffer, Kreuzkümmel, 5 Eier

Das Maismehl mit der Margarine, dem Wasser und einer Prise Salz zu einem Teig verarbeiten.

Die Zwiebeln klein schneiden und in heißem Öl anbraten. Die Paprika klein schneiden und zu den Zwiebeln geben, wenn diese glasig sind.

Nach wenigen Minuten das Gehackte hinzufügen, mit einer Gabel zerkleinern, mit etwas Salz, Pfeffer und Kreuzkümmel würzen und gut durchbraten.

Die Eier hart kochen und klein schneiden. Den Teig ausrollen und Kreise in der Größe einer Untertasse ausstechen.

Auf jeden der Kreise 1 EL Gehacktes und ein wenig Ei geben.

Den Teig zu einer Tasche zusammenklappen, die Ränder mit ein wenig Wasser verkleben und fest zusammendrücken.

In einer Pfanne in reichlich heißem Öl auf beiden Seiten goldgelb backen.

Ensalada de Frutas – Fruchtsalat

Zutaten:

2 Bananen, 250 g Erdbeeren, 1 große reife Mango, 1 Honigmelone, 1 Ananas, 5 Passionsfrüchte, 1 Zitrone

Die Bananen schälen und in Scheiben schneiden.

Die Erdbeeren waschen, das Grün entfernen und die Beeren halbieren.

Die Mango schälen, die Honigmelone vierteln und die Kerne entfernen. Beide Früchte klein schneiden.

Die Ananas in Scheiben schneiden, die Schale entfernen und das Fleisch der Früchte in kleine Stücke schneiden.

Die Passionsfrüchte durchschneiden und das Innere mit einem Löffel zu den zerkleinerten Früchten geben.

Die Zitrone auspressen und den Saft über die Früchte geben.

Vor dem Verzehr kühlen.

Mein Freund Jorge hat mir erzählt, was die Kinder in Pasto, wenn sie nicht gerade mit dem Karneval beschäftigt sind, gerne spielen. Dann hat er mich mitgenommen und ich konnte den Kindern bei einigen Spielen zuschauen. Die Kinder haben ganz wenige Spielsachen. Für die meisten ihrer Spiele brauchen sie auch keine. Und wenn sie doch Spielzeuge brauchen, basteln sie sie selbst. Glasmurmeln, die in Deutschland nur ein paar Pfennige kosten, sind für viele Kinder in Pasto unerschwinglich teuer. Als Ersatz basteln sie sich Murmeln aus Kronkorken.

Murmeln aus Kronkorken

Material: Kronkorken, Orangenschale
Alter: ab 4 Jahren

Den Kronkorken von eventuellem Metallpapier befreien und wieder gerade drücken.
Den Korken in die Orangenschale stechen und wieder herausziehen, so dass die Orangenschale im Inneren des Kronkorkens stecken bleibt. Der Korken wird dadurch schwerer, lässt sich besser spielen und sieht natürlich viel besser aus.

Schlangenkanal

Material: große Sandfläche, Murmeln
Alter: ab 4 Jahren

Das Spielfeld sorgfältig wie eine kleine Bob-Bahn im Sand vorbereiten:
Zuerst die Bahn schlangen- und spiralförmig mit einem Stock oder dem Finger auf die Erde zeichnen.
Dann die Bahn etwa 3 cm tief und 2 cm breit ausheben; wie bei der Bob-Bahn müssen die Seitenwände stabil sein und gut befestigt werden.
Endpunkt und Ziel der Bahn ist ein kleines Loch, in das die Murmeln gerade so hineinpassen.

Jedes Kind hat eine Murmel. Das erste Kind schnippt seine Murmel mit Daumen und Mittelfinger so weit wie möglich in den Schlangenkanal.
Der Reihe nach versuchen die Kinder die vorgelegte Murmel zu überholen. Das gelingt meist nur, wenn mit der eigenen Murmel die des führenden Kindes aus der Bahn gekitscht wird.
Wird die eigene Murmel zu kräftig angetrieben und fliegt sie aus der Bahn, muss das spielende Kind von vorne beginnen. Es wird in Runden weiter gespielt, bis es einem Kind gelingt, die eigene Murmel ins Zielloch zu bringen.

Tope

Material: keins
Alter: ab 3 Jahren

Tope wird auf der Wiese, dem Schulhof oder am Strand gespielt.
Alle Kinder stehen im Kreis und rufen gemeinsam:
„Mansanita del Peru, dine cuantos anos tienes tu? – Äpfelchen, du aus Peru, sag mir doch, wie alt bist du?"
Ein Kind übernimmt das Abzählen und zeigt bei jeder gesprochenen Silbe der Reihe nach auf die anderen.
Das Kind, auf das es bei der letzten Silbe zeigt, sagt, wie alt es ist.
Alle sprechen wieder gemeinsam die Zahlen bis zum Alter des Kindes; das abzählende Kind zeigt dabei der Reihe nach auf die anderen.
Wird die letzte Zahl genannt, laufen alle Kinder schnell davon, denn das Kind, auf das bei der letzten Zahl gezeigt wurde, muss ein anderes abschlagen.
Wird ein Kind gefangen, ist die Spielrunde zu Ende. Alle stellen sich wieder in den Kreis, das Kind, das abgeschlagen wurde, übernimmt das Abzählen und alle rufen wieder: *„Mansanita del Peru..."*

Congelado – eingefroren

Material: Tücher
Alter: ab 4 Jahren

Congelado kann überall im Freien gespielt werden.
Ein vorher ausgewähltes Kind zählt laut und so schnell es nur kann mit verbundenen Augen bis 20. Die anderen Kinder rennen bei der ‚Eins' los und entfernen sich so weit wie möglich oder verstecken sich. Bei ‚20' angekommen, ruft das Kind mit den verbundenen Augen *Congelado!*, das ist spanisch und bedeutet ‚eingefroren'. Alle Kinder müssen wie zu Eis erstarrt in ihrer Position verharren.
Jetzt nimmt sich das Kind die Augenbinde ab und sucht sich das am nächsten stehende Kind aus, um es mit höchstens zehn Schritten oder Sprüngen zu erreichen und zu berühren.
Gelingt ihm das, werden in der nächsten Runde beiden Kindern die Augen verbunden. Sie zählen nun gemeinsam und versuchen zwei andere Kinder mit zehn Sprüngen zu erreichen...
Das Spiel endet, wenn alle Kinder gefangen sind.

AMAZONIEN – IM REGENWALD

„Wenn ein eben aus Europa angekommener Reisender zum ersten Mal die Wälder Südamerikas betritt, so hat er ein ganz unerwartetes Naturbild vor sich. Er weiß nicht zu sagen, was mehr sein Staunen erregt, die feierliche Stille der Einsamkeit oder die Schönheit der einzelnen Gestalten und ihrer Kontraste oder die Kraft und Fülle des vegetabilischen Lebens."

Alexander von Humboldt

Der Regenwald, die ‚grüne Lunge' der Erde, hat 50 bis 100 Millionen Jahre gebraucht, um sich so zu entwickeln, wie wir ihn heute kennen. Er konnte entstehen, weil in den Tropen das ganze Jahr über hohe Niederschläge und wenig schwankende Temperaturen die Regel sind. Im Jahresmittel liegt die Temperatur gleich bleibend zwischen 23 und 27 Grad Celsius

bei einer sehr hohen Luftfeuchtigkeit. So überstanden seine Kernzonen alle großen Klimaschwankungen sowie das An- oder Absteigen der Meeresspiegel in der Erdgeschichte unbeschadet. Die Natur hat diese Zeit genutzt, in den Regenwäldern eine bis heute unbekannte Anzahl von Tieren und Pflanzen zu schaffen.

Geographisch liegen die Tropen in einer Ausdehnung von 4,8 Milliarden Hektar zwischen dem nördlichen und dem südlichen Wendekreis. Obwohl die Tropen nur 37 Prozent der gesamten Landfläche der Erde bedecken, beherbergen sie gut 50 Prozent aller Wälder. Von diesen tropischen Wäldern sind in den vergangenen 50 Jahren viele für immer vernichtet worden. Bedeckten die Regenwälder einst etwa 20 Prozent der globalen Landfläche, sind es heute nur noch schätzungsweise 7 Prozent.

Das mit Abstand größte zusammenhängende Regenwaldgebiet liegt im Amazonasbecken. Das Ökosystem Amazoniens beherbergt von der Fläche her etwa die Hälfte aller tropischen Regenwälder und hat die weltweit höchste Artenvielfalt hervorgebracht.

Doch dieses größte Regenwaldgebiet der Erde ist bedroht. Agrar- und Holzkonzerne, Erdölfirmen und Goldsucher zerstören den Regenwald rücksichtslos, um an die Ressourcen zu gelangen, die für sie von großem Interesse sind.

Was ist ein Regenwald?

Das bisher am besten untersuchte Merkmal tropischer Wälder ist ihre große Artenvielfalt. Neuere Forschungen ergaben, dass bis zu 90 Prozent aller Tier- und Pflanzenarten in den Regenwäldern leben. Für die Vielfalt des Lebens auf der Erde sind die tropischen Regenwälder daher von größter Bedeutung. In Amazonien lebt etwa ein Fünftel der weltweit bekannten 9000 Vogelarten. In Panama, einem Land so groß wie Österreich, wachsen mehr unterschiedliche Pflanzen als in ganz Europa. Bei Moosen und Farnen wird die Artenfülle der tropischen Regenwälder noch deutlicher, da sie zwischen 75 und 90 Prozent aller bisher bekannten Moos- und Farnarten beherbergen. In einem einzigen untersuchten Regenwaldbaum entdeckten Forscher fast 1000 Käferarten.

Diese große Artenvielfalt bedeutet allerdings auch eine vergleichsweise geringe Anzahl von Individuen. Größere Säugetiere sind rar, Vögel leben in sehr kleinen Populationen und selbst Bäume ein und derselben Art bilden keineswegs die aus unseren Forsten vertrauten Monokulturen. Die hohe Artenvielfalt verbunden mit einer geringen Anzahl ist wiederholt in den Regenwäldern dokumentiert worden. Das Ergebnis solcher Untersuchungen, etwa im brasilianischen Amazonien, hat gezeigt, dass die Mehrzahl der Baumarten nur mit ein oder zwei Individuen vertreten sind. Warum ist das so? Die Antwort liegt im überraschend begrenzten Nahrungsangebot. Regenwälder müssen mit ihren Ressourcen haushalten, sie produzieren kaum Überschuss. Der Wald hält und erhält die Substanzen, die er umsetzt, weitergibt, zurückgewinnt und wieder verwertet. Während es an Kohlehydraten nicht mangelt, fehlt es an Eiweißverbindungen und Mineralsalzen. Das ‚zwingt' evolutionsbiologisch gesehen das Ökosystem zu einem haushaltenden Umgang mit den Nährstoffen. Diese reichern sich nicht im Boden an, sondern befinden sich fast ausschließlich in der Biomasse, also der Summe aller lebenden und toten Organismen. Auf einem Hektar Regenwald finden sich bis zu 800 Tonnen Biomasse. Ein mitteleuropäischer Mischwald kommt auf der gleichen Fläche auf höchstens 150 Tonnen. Fallen Blätter von den Ästen, stürzen ganze Bäume um, sterben Tiere, werden diese von Pilzen, Ameisen oder anderen Klein- und Kleinstlebewesen unverzüglich ‚recycelt' und wieder in den Nährstoffkreislauf des Waldes eingebracht, der damit ein fast in sich geschlossenes System bildet.

Weil es in den Regenwaldregionen keine wechselnden Jahreszeiten gibt, werfen die Laubbäume ihre Blätter nicht ab. Zwiebeln und Knollen, die den Bäumen in den gemäßigten Zonen das Überleben in den kalten Wintern sichern, fehlen in den Regenwäldern. Und noch etwas kennzeichnet die Regenwälder: Aufgrund des nährstoffarmen Bodens stehen sie auf einer extrem dünnen Humusschicht. Das Wurzelgeflecht der Bäume dringt nicht sehr tief in die Erde, es verzweigt sich in den oberen Bodenschichten. Mit ihren breiten Brettwurzeln schaffen sich die Bäume die nötige Stabilität.

Starke Sonneneinstrahlung und heftige Regenfälle werden von einem intakten Regenwald ohne Probleme gemeistert. Während das Sonnenlicht mit voller Kraft auf das Kronendach fällt, nimmt die Lichtintensität bis zum Boden stark ab. Letztlich dringen nur ein bis zwei Prozent des Sonnenlichtes bis zum Boden vor. Diese breite Lichtspanne ermöglicht wiederum eine besonders hohe Vielzahl von Arten. Oben leben die ‚sonnenhungrigen‘ Pflanzen und Tiere, am Boden die auf ein Schattendasein spezialisierten und dazwischen eine Vielzahl von Arten, die es etwas heller oder etwas dunkler mögen.

Auch von den Niederschlägen gelangt nur ein geringer Teil zum Boden der Regenwälder. Ein Großteil der Wassermenge wird vorher abgefangen und von den Blättern des Waldes wieder verdunstet. Neue Wolken entstehen, die wiederum über den Regenwäldern abregnen. Im Amazonas sorgt der Wald für rund 75 Prozent der Niederschläge selbst.

Bedrohter Regenwald

Tropische Bäume stehen mit einer ganzen Reihe von Tieren in enger Beziehung. Die Spanne reicht von winzigen Käfern über kleine Mücken und Bienen bis zu Fledermäusen, die die Pollen von Baum zu Baum transportieren. Diese Beziehung kann so eng sein, dass allein eine Insektenart für die Bestäubung einer bestimmten Baumart zuständig ist.

Daraus ergibt sich eine einfache Schlussfolgerung: keine Bestäuber – keine Früchte. Keine Früchte – keine neuen Sprösslinge. Keine neuen Sprösslinge – kein Fortbestehen der betroffenen Baumart. Wird eine Käfer- oder Fledermausart ausgerottet, kann in der Folge eine Baumart für immer verschwinden, die wiederum alleiniger Lebensgarant für bestimmte Aufsitzerpflanzen, Moose, Insekten, Vögel oder Pilze ist. Die Regenwälder bergen nicht nur die größte Artenvielfalt, sie speichern und reinigen Wasser, verhindern Erosion und schützen an Berghängen Talbewohner vor Steinschlag und Hochwasser. Außerdem stabilisieren sie als riesiger Kohlenstoffspeicher das Klima, erhöhen die Luftfeuchtigkeit, bremsen den Wind, produzieren Sauerstoff und liefern kostbare nachwachsende Rohstoffe – neben Holz eine große Zahl von Heilpflanzen, Nüssen, Harzen, Beeren, Ölen und Früchten.

Da der Boden tropischer Regenwälder nur sehr wenige Nährstoffe besitzt, sind in Lateinamerika über 80 Prozent der Böden für den Ackerbau ungeeignet. Ohne den Schutz der natürlich gewachsenen Pflanzenwelt bleibt lediglich trockener Wüstensand zurück. Wird der Regenwald gerodet und in Ackerland umgewandelt, sind daher meist nur wenige, kärgliche Ernten möglich.

Brandrodung zur Schaffung landwirtschaftlicher Fläche und Weideland für Rinderherden, Umwandlung von Wäldern in Ölpalm-, Bananen- oder Kaffeeplantagen, Ausbeutung von Bodenschätzen wie Eisenerz, Gold, Öl oder Gas, der Bau von Großstaudämmen zur Energiegewinnung und kommerzieller Holzeinschlag sind die wichtigsten Ursachen für die weltweite Zerstörung des Regenwaldes. Bereits etwa die Hälfte der ursprünglichen Regenwälder sind heute vernichtet oder stark geschädigt.

Die Indianer des Regenwaldes

Als die Portugiesen nach Lateinamerika kamen, lebten im heutigen Brasilien 3-6 Millionen Indianer. Die Eroberung durch die Europäer hatte für sie katastrophale Folgen. Heute gibt es nur noch 250.000 Ureinwohner in Brasilien. Lediglich im Amazonas-Gebiet leben noch einige Völker in fast völliger Isolation von der sie umgebenden Zivilisation.

Viele ,integrierte' Indianer und ,Caboclos', wie die Menschen mit europäischen und indianischen Vorfahren genannt werden, wohnen in kleinen Holzhäusern an den Flussufern. Sie betreiben Landwirtschaft, ernten Kautschuk und fahren mit ihren Booten, den Pirogen, in die Städte, um dort Handwerksprodukte zu verkaufen oder zu tauschen.

Weiter im Inneren des Regenwaldes leben die Indianer in kleinen Verbänden von vier bis fünf Familien, denen etwa 50 Menschen angehören. Ihre Häuser sind Holzgerüste, bedeckt mit Pflanzenfasern oder getrockneten Palmblättern.

Schon früh beteiligen sich die Kinder an den gemeinschaftlichen Aufgaben, vor allem an der Jagd und dem Fischfang. In vielen Wasserläufen speeren sie die Fische oder schießen sie mit Pfeil und Bogen. Doch gibt es auch andere Methoden. Die Indianer kennen eine Pflanze, die sie ausreißen und im Wasser hin und her bewegen. Aus dieser Pflanze entweicht ein Saft, der die Fische einschläfert. So können sie bequem aus dem Fluss gesammelt werden.

Mit Pfeil und Bogen oder mit dem Blasrohr jagen die Männer Säugetiere und Vögel im dichten Urwald. In der Nähe des Dorfes bauen die Frauen in kleinem Umfang Maniok, Bananen und andere Früchte an. Sie kochen auf Feuerstellen aus Stein, sie weben und flechten Kleidung, Decken und Hängematten, töpfern und erziehen die Kinder.

Heute ist die Lebensweise der Amazonas-Indianer durch die vorrückende Zivilisation bedroht. Unaufhörlich schieben sich neu gebaute Straßen in den Regenwald. Sie öffnen die Wildnis für Konzerne, die die Ressourcen des Regenwaldes ausbeuten wollen. Mit jedem Tag wird der Lebensraum der indianischen Völker kleiner, sinken ihre Chancen, ungestört ihr überliefertes Leben fortzuführen. Einige Völker leben in ständigem Konflikt mit Großgrundbesitzern, Goldwäschern, Ölfirmen, Straßenbauern und Minengesellschaften. Berichte von Massakern in indianischen Dörfern durch private ,Schutztrupps' sind nicht selten. Selbst in den Reservationen, die ihnen zugewiesen wurden, sind sie vor Störungen und Angriffen nicht sicher.

Hallo Kinder, jetzt sind wir endlich in meiner Heimat, dem Regenwald. Ich möchte euch meine Verwandten vorstellen. Wir Tukane gehören zu den schönsten Vögeln im Regenwald. Ich selbst bin ein Fischertukan. Wir sind schöne, große Vögel, mit einer gelben Brust und einem bunten Schnabel. Ich bin nicht gern allein. Am liebsten fliege ich mit anderen Tukanen durch den Wald.
Ich fresse gerne Weidenkätzchen, Beeren und Früchte, aber auch Insekten, Spinnen, Eidechsen, Eier und Nestlinge.

Mein Schnabel mag dick und schwer aussehen, ist aber ganz leicht. Mit meiner Schnabelspitze greife ich geschickt die Früchte und schlucke sie herunter, indem ich den Kopf zurücklege. Mit meiner Stimme kann ich klickernde Rufe erzeugen, die den Rufen der Laubfrösche zum Verwechseln ähnlich sind. Ich kann aber auch rau und rasselnd rufen. Das klingt dann so, als würde ein Mensch mit Kastagnetten oder Schüttelinstrumenten Musik machen.

Zum Schlafen lege ich meinen großen Schnabel auf den Rücken. Mit den Schwanzfedern decke ich meinen Kopf zu. Wenn ich nicht gerade schlafe oder esse, spiele ich mit meinen Freunden, den anderen Tukanen. Wir fechten gerne mit unseren Schnäbeln und bewerfen uns mit Früchten. Wir sind echte Spaßvögel!

Zur Erinnerung an euren Freund Taka Tukan könnt ihr euch jetzt selbst einen Tukan basteln und ihn in eurem Zimmer, im Kindergarten oder in der Schule aufhängen. Er sieht genau so aus wie ich.

Tukan

Material: weißes Tonpapier, Farbstifte, Schere, Klebstoff, Verstärkungsringe, Faden
Alter: ab 6 Jahren

Die Seite mit den Vorlagen (S. 122) auf DIN A3 vergrößert kopieren.

Alle Teile sorgfältig ausschneiden - die Flügel jeweils noch einmal kopieren und ebenfalls ausschneiden.

Die einzelnen Körperteile (Körper, Flügel, Schwanz) passend aufeinander kleben und bunt bemalen.

Die Flügel an den gestrichelten Linien knicken und an die eingezeichneten Stellen am Körper (A bzw. B) kleben.

Die gekennzeichneten Stellen am Schwanz einschneiden. Den Vogelschwanz an den Vogelkörper stecken und die viereckigen Stabilisierungsteile knicken und von unten ankleben (C bzw. D).

An den Flügeln jeweils auf gleicher Höhe rechts und links ein Loch durchstechen und mit den Verstärkungsringen stabilisieren. Durch jedes Loch einen ca. 70 cm langen Faden ziehen, unter den Löchern verknoten und den Tukan daran aufhängen.

Den größten Vogel in Südamerika habt ihr schon in den Anden kennen gelernt, und zwar den Kondor. Die kleinsten Vögel möchte ich euch jetzt vorstellen, das sind die Kolibris. Sie sind sehr klein, bunt schillernde Vögel mit langen dünnen Schnäbeln. Ein ganzer Kolibri ist nicht mal halb so groß wie mein Schnabel. Sie leben ausschließlich in Amerika. Bei der Suche nach Nahrung schlagen sie so schnell mit ihren Flügeln, dass sie wie ein Hubschrauber in der Luft schweben. Sie fliegen beim Sammeln von Nektar vor den Blüten auf der Stelle, fliegen vorwärts, seitwärts und sogar rückwärts. Im Flug erinnern sie an einen Schmetterling oder andere Insekten mit einem großen Rüssel. Die Kolibris leben meist am Rand der Wälder, fliegen aber auch ins Innere der tropischen Wälder.

Die Bienenelfe, ein Kolibri, ist der kleinste Vogel der Erde. Er ist kaum größer als das Auge von einem Strauß, dem größten Vogel der Welt. Mag so ein Kolibri auch noch so klein sein, für die Menschen des Regenwaldes ist er ein sehr wichtiger Vogel.

Warum das so ist, davon erzählt die Geschichte von Mainumbí, dem Kolibri.

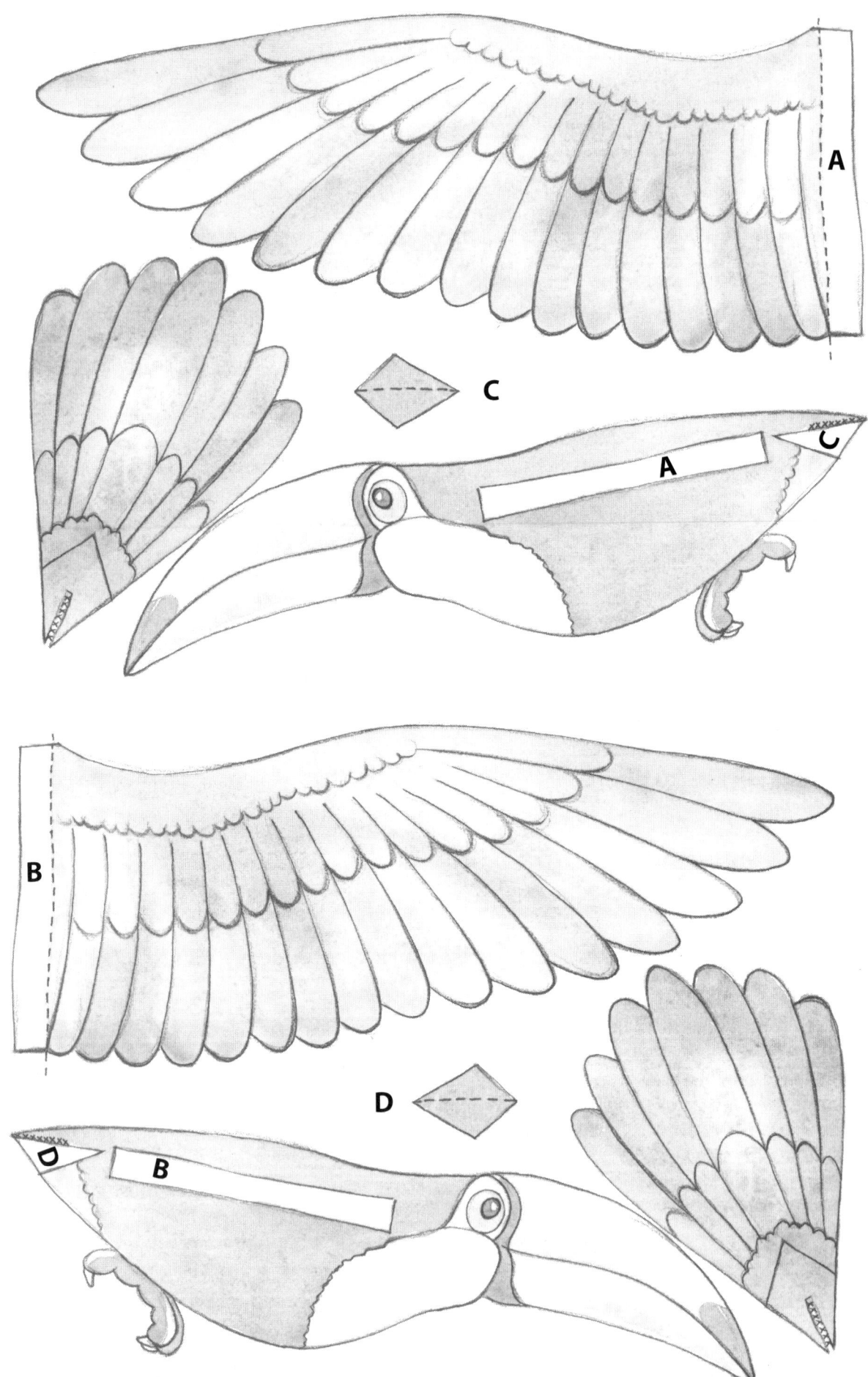

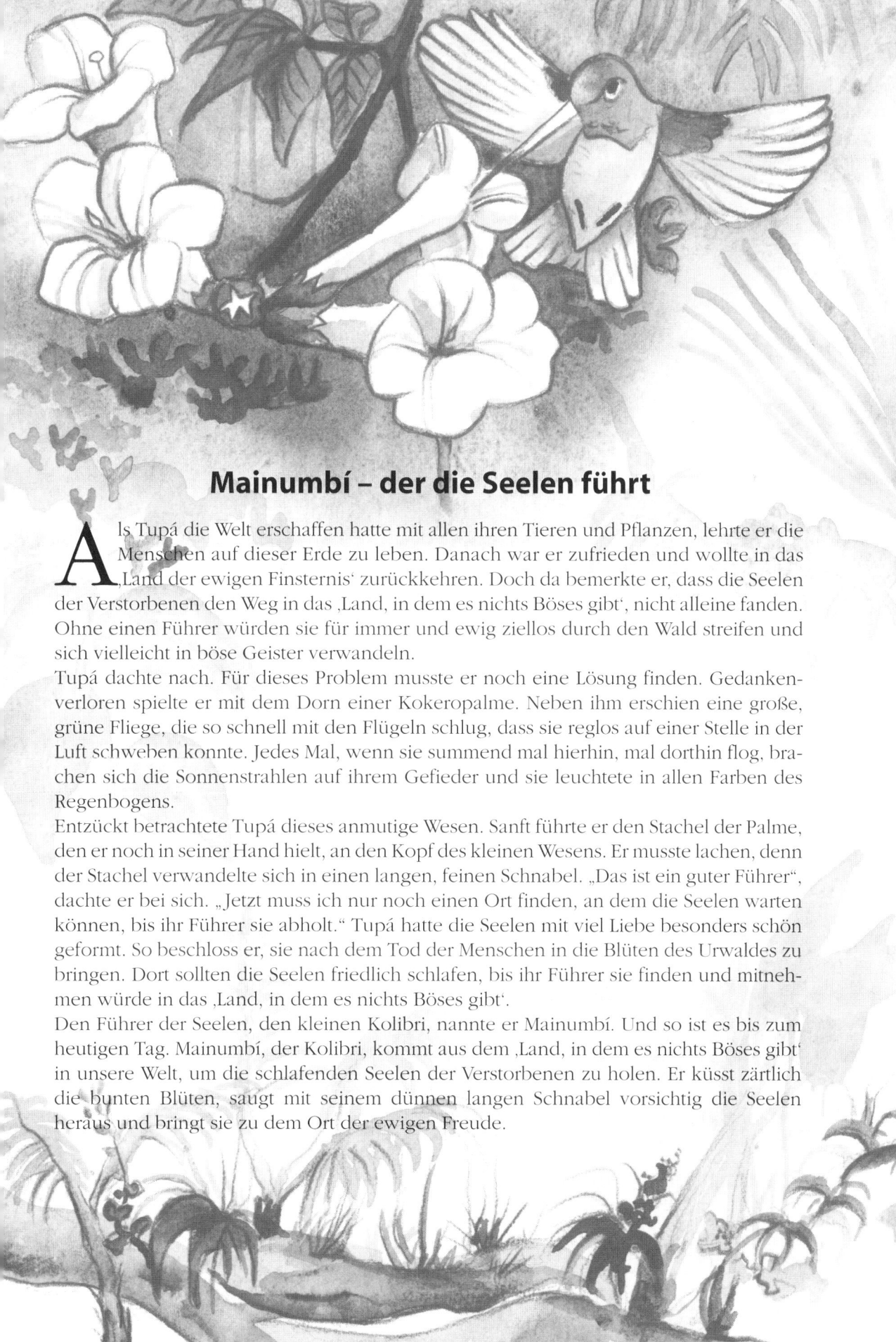

Mainumbí – der die Seelen führt

Als Tupá die Welt erschaffen hatte mit allen ihren Tieren und Pflanzen, lehrte er die Menschen auf dieser Erde zu leben. Danach war er zufrieden und wollte in das ‚Land der ewigen Finsternis‘ zurückkehren. Doch da bemerkte er, dass die Seelen der Verstorbenen den Weg in das ‚Land, in dem es nichts Böses gibt‘, nicht alleine fanden. Ohne einen Führer würden sie für immer und ewig ziellos durch den Wald streifen und sich vielleicht in böse Geister verwandeln.

Tupá dachte nach. Für dieses Problem musste er noch eine Lösung finden. Gedankenverloren spielte er mit dem Dorn einer Kokeropalme. Neben ihm erschien eine große, grüne Fliege, die so schnell mit den Flügeln schlug, dass sie reglos auf einer Stelle in der Luft schweben konnte. Jedes Mal, wenn sie summend mal hierhin, mal dorthin flog, brachen sich die Sonnenstrahlen auf ihrem Gefieder und sie leuchtete in allen Farben des Regenbogens.

Entzückt betrachtete Tupá dieses anmutige Wesen. Sanft führte er den Stachel der Palme, den er noch in seiner Hand hielt, an den Kopf des kleinen Wesens. Er musste lachen, denn der Stachel verwandelte sich in einen langen, feinen Schnabel. „Das ist ein guter Führer“, dachte er bei sich. „Jetzt muss ich nur noch einen Ort finden, an dem die Seelen warten können, bis ihr Führer sie abholt.“ Tupá hatte die Seelen mit viel Liebe besonders schön geformt. So beschloss er, sie nach dem Tod der Menschen in die Blüten des Urwaldes zu bringen. Dort sollten die Seelen friedlich schlafen, bis ihr Führer sie finden und mitnehmen würde in das ‚Land, in dem es nichts Böses gibt‘.

Den Führer der Seelen, den kleinen Kolibri, nannte er Mainumbí. Und so ist es bis zum heutigen Tag. Mainumbí, der Kolibri, kommt aus dem ‚Land, in dem es nichts Böses gibt‘ in unsere Welt, um die schlafenden Seelen der Verstorbenen zu holen. Er küsst zärtlich die bunten Blüten, saugt mit seinem dünnen langen Schnabel vorsichtig die Seelen heraus und bringt sie zu dem Ort der ewigen Freude.

Mainumbí der Kolibri

Material: 1 weißes DIN A4-Blatt, 1 Klarsichthülle, Fensterbildfarben, Konturenfarbe

Alter: ab 4 Jahren

Die Vorlage (vergrößert) auf das Blatt kopieren und in die Klarsichthülle schieben. Den Kolibri mit der Konturenfarbe auf der Klarsichthülle nachzeichnen und mit den Fensterbildfarben ausmalen.
Nach dem Trocknen vorsichtig von der Hülle abziehen und auf eine Fensterscheibe kleben.

Monarch-Schmetterling

Material: 1 Bogen weißer Tonkarton (DIN A4), Farbstifte (blau und braun), Schere, Nähnadel, Faden

Alter: ab 4 Jahren

Die Vorlage – nach Belieben vergrößert und mehrfach – auf den Tonkarton übertragen, in Blau und Braun ausmalen und anschließend ausschneiden.
Den Faden mit der Nähnadel durch die Mitte des Schmetterlingsleibes ziehen, unten verknoten und aufhängen.
Am schönsten sieht es aus, wenn mehrere Monarch-Schmetterlinge in einem Zimmer hängen.

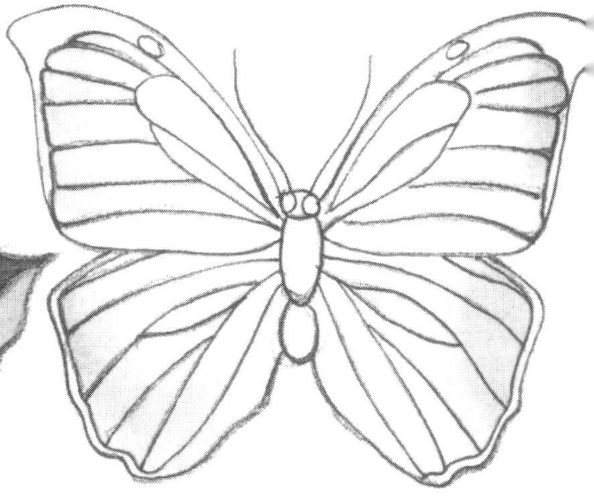

Federn sind als Schmuck und als Zeremonie-Gegenstände bei den Indianern in ganz Amerika beliebt. Benutzen die Indianer Nordamerikas vor allem die Federn von Greifvögeln wie dem Steinadler, so sind in Lateinamerika die bunten Federn der Regenwald-Vögel besonders begehrt. Die Federn können im Haar getragen werden oder als Schmuck am Oberarm, als Nasenschmuck oder in einer Vielzahl von traditionell sehr kunstvoll präparierten Federhauben.

Federerschmuck

Papageienfedern und ähnliche Federn in bunt leuchtenden Farben sind manchmal im Zoo zu bekommen. Am besten ist es, einfach einen Wärter zu fragen, vielleicht haben die Vögel gerade ein paar Federn verloren. Gefärbte Federn von Gänsen sind außerdem im Bastelladen zu kaufen.

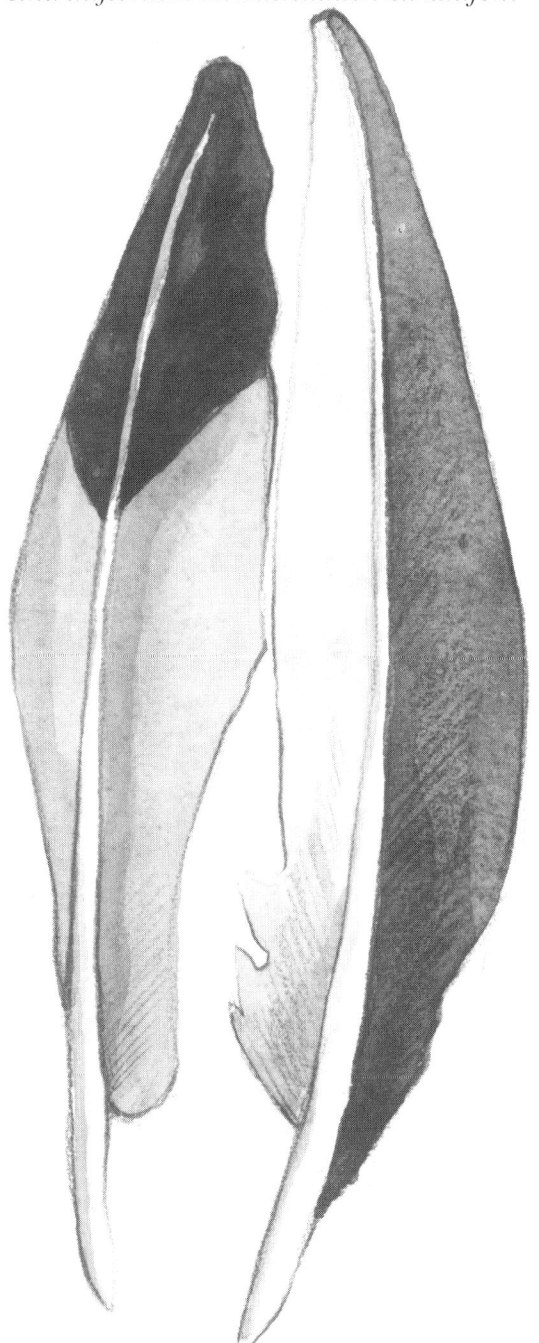

Material: Zentimetermaß, Wellpappe, Schere, Farbstifte oder Wasserfarben, 10-20 Federn, Klebstoff, Tacker oder Zahnstocher

Alter: ab 4 Jahren (mit Hilfe eines Erwachsenen)

Mit dem Zentimetermaß den Kopfumfang des Kindes messen.

Einen Streifen Wellpappe von 5 cm Breite ausschneiden, der 3-5 cm länger ist als der Kopfumfang. Das Stirnband bemalen.

Die Federn in einer schönen Reihenfolge an den Streifen legen, die Federkiele mit Klebstoff bestreichen und von oben in die Wellpappelöcher stecken.

Das Stirnband passend zusammenkleben oder tackern; alternativ einen Zahnstocher zweimal durch den übereinander liegenden Pappstreifen stechen.

Papageien-Feder aus Papier

Sind keine geeigneten Federn zu bekommen, können bunte Papageienfedern leicht aus Papier selbst angefertigt werden.

Material: 1 weißer Tonkarton, Bleistift, Schere, Farbstifte oder Wasserfarbe, Klebstoff, 1 dünnes Holzstäbchen oder Trinkhalm

Alter: ab 4 Jahren

Den Umriss der Feder zweimal (evtl. vergrößert) auf das Tonpapier abzeichnen und ausschneiden.

Die Vorderseite der ersten und die Rückseite der zweiten Feder so bunt wie gewünscht ausmalen.

Die unbemalte Seite einer Feder mit Klebstoff bestreichen, ein Stäbchen oder einen Halm so darauf legen, dass ein Teil als Federkiel unten herausragt. Die zweite Feder mit Kleber bestreichen und auf die erste kleben.

Halskette aus Amazonas-Fischen

Material: weißes Tonpapier, Schere, Bunt- bzw. Filzstifte oder Wasserfarbe, Baumwollfaden
Alter: ab 4 Jahren

Die Fische nach der Abbildung mehrfach auf Tonpapier übertragen, ausschneiden und bunt bemalen, evtl. trocknen lassen. Die Fische jeweils mit zwei nebeneinanderliegenden Löchern versehen und mit dem Baumwollfaden in beliebiger Reihenfolge auffädeln. Die Kette um den Hals legen und hinten verknoten.

Bromelien sind typische Pflanzen des Regenwaldes. Viele sind schön bunt gefärbt. Sie gehören zu den Aufsitzerpflanzen (Epiphyten). Das bedeutet, dass sie mit besonderen Haftwurzeln auf anderen Pflanzen, meist auf Bäumen, festgewachsen sind.

Sie haben eine Besonderheit, um sich langfristig mit Nahrung und Wasser zu versorgen. Ihre langen, rosettenartig zusammengesetzten Blätter formen sich in der Mitte zu einer Zisterne, die so zu einem perfekten Wasser- und Nährstoffspeicher wird. Die Schuppenhaare der Blätter sammeln das Regenwasser und den Tau, der dann in ihren eigenen Wasserspeicher fließt. Die größten Bromelien können bis zu fünf Liter Wasser ansammeln.

Die Bromelien versorgen viele Tiere mit Wasser und Nahrung aus ihrem Speicher. Einige Tiere wie Kaulquappen, Insektenlarven, Spinnen, Würmer, Frösche usw. leben sogar in den Wasserspeichern dieser Pflanzen.

Zu den Bromelien gehört auch eine Pflanze, deren Frucht die meisten Kinder sehr gerne essen – es ist die Ananas.

Ananas-Pflanze

Material: 1 Ananas mit noch frischen grünen Blättern, Messer, Teller, mittelgroßer Blumentopf, Blumenerde
Alter: ab 4 Jahren (mit Hilfe)

Die Ananas etwa 8 cm unterhalb der Blätter durchschneiden. Den Teil der Ananas mit den Blättern auf einen Teller legen und einen Tag lang trocknen lassen, den Rest der Ananas aufessen.
Am nächsten Tag das weiche Fruchtfleisch der Ananas mit dem Messer entfernen, dabei den harten Strunk in der Mitte nicht abschneiden.
Den Blumentopf halb mit Blumenerde füllen, den Ananas-Strunk vorsichtig hinein stecken und den Rest des Topfes mit Erde auffüllen, dabei die Blätter aber nicht mit Erde bedecken.
Die Ananas-Pflanze an einen sonnigen Fensterplatz stellen und regelmäßig wässern.

Hat sich die Pflanze gut entwickelt, diese im Sommer bei warmem Wetter unter einen Baum stellen. Nicht vergessen die Ananas zu gießen, falls es einige Tage nicht regnen sollte! Sie stammt aus dem Regenwald, braucht also regelmäßig Feuchtigkeit.
Da die Ananas zu den Bromelien gehört, sammelt sich im Zentrum der Pflanze Wasser an. Jeden Tag nach dem Gießen oder wenn es geregnet hat nachschauen, wie viel Wasser sich im Zentrum der Pflanze angesammelt hat. Vielleicht finden die Kinder sogar Insekten im Wasserspeicher der Pflanze. Natürlich sind die Bromelien im Regenwald größer, breiter und in der Mitte tiefer als die Ananas. Trotzdem gibt sie eine kleine Vorstellung von den Ananaspflanzen im Regenwald.

Auf den Bromelien macht es sich manchmal ein Pfeilgiftfrosch gemütlich. Pfeilgiftfrösche haben sehr schöne, leuchtend bunte Farben. Sie können blau, rot oder türkis gefärbt sein. Auf ihrer ganzen Haut sondern sie ein gefährliches Gift ab. Wenn ein Mensch sie berührt, sollte er sich ganz schnell gründlich die Hände waschen. Die Indianer im Regenwald benutzen das Gift der Frösche für ihre Pfeile, wenn sie mit dem Blasrohr auf die Jagd gehen.
Pfeilgiftfrösche unterscheiden sich sehr von den meisten anderen Fröschen. Sie laichen nicht im Wasser ab, sondern kleben ihre gallertartigen Eier auf die Unterseite von Blättern oder legen sie in eine Erdkuhle. Das Frosch-Männchen befruchtet anschließend die Eier und bewacht sie so lange, bis sie sich zu Kaulquappen entwickelt haben. Die dünnen Kaulquappen klettern auf den Rücken der Mutter, die sie zu den mit Wasser gefüllten Bromelien bringt. Die Kaulquappen verbringen einige Zeit in dem Wasserbecken der Bromelie und ernähren sich von Algen und Moskitolarven, bis sie selbst zu Fröschen geworden sind.

Regenwaldbromelie mit einem Pfeilgiftfrosch

Material: grünes, rotes und weißes Ton-papier, Schere, 1 Pappbecher, Klebstoff, Farbstifte
Alter: ab 4 Jahren

Die **große Zackenreihe** auf das rote Ton-papier übertragen und ausschneiden.
Die **kleinere Zackenreihe** auf das grüne Tonpapier übertragen und ausschneiden.
Zunächst das rote Papier um den Pappbe-cher festkleben.
Das grüne Papier unten um den Becher wickeln.
Einen Frosch auf das weiße Tonpapier ma-len. Damit es ein Pfeilgiftfrosch wird, die Beine blau und den Rest des Körpers rot anmalen.
Den Frosch ausschneiden und auf ein Blatt der Bromelie kleben.

Blasrohr

Die Indianer im Regenwald benutzen das Gift der Frösche für ihre Pfeile, wenn sie mit dem Blasrohr auf die Jagd gehen.

Material: 1 dünne Röhre aus Pappe oder Plastik (Durchmesser ca. 1 cm, Länge 50 cm), Stifte oder Wasserfarben, Haushalts-papier, Holz- bzw. Plastik- oder Styropor-reifen (Durchmesser ca. 20 cm), Band
Alter: ab 3 Jahren

Das Blasrohr bunt anmalen.
Das Haushaltspapier zerreißen und kleine Kügelchen formen.
Den Reifen in altersgerechter Entfernung in Kopfhöhe der Kinder aufhängen.
Jedes Kind legt ein Papierkügelchen in das Blasrohr und pustet es durch den Reifen.

Vielleicht habt ihr ja schon mal einen Film über den Tropischen Regenwald gesehen. Neben großen Säuge-tieren und bunten Vö-geln werden dort oft die Blattschneiderameisen gezeigt, die mit Blattstücken bepackt in langen Zügen wie kleine Segelboote über den Waldboden laufen.
Die Blattschneiderameisen besitzen kräf-tige Kauwerkzeuge und einen Giftstachel. Wenn sie dich stechen, kann das ganz

schön wehtun. Doch die Tiere sind nicht aggressiv.

Die Blattschneiderameisen leben die meiste Zeit versteckt in riesigen tiefen Erdbauten mit zahlreichen Kammern und Gängen. Nur wenn sie frische Blätter brauchen, kommen sie an die Oberfläche und bilden lange Kolonnen zu Pflanzen, denen sie innerhalb kürzester Zeit einfach die Blätter abschneiden. Die Ameisen brauchen die Blätter als Nahrung für einen Pilz, den sie in ihrem Nest als Nahrung für sich selbst züchten. Dieser spezielle Pilz, der sich von den mit Ameisenspeichel vergorenen Blättern ernährt, kann nur in Gemeinschaft mit den Blattschneiderameisen existieren.

Blattschneiderameisen als Perlentiere

Material: hellbraune oder braune Rocailles (Perlen) bzw. Indianerperlen mit einem Durchmesser von 2,5 mm, Messing- bzw. Silberdraht mit einem Durchmesser von 0,3 mm und ca. 1, 50 m Länge
Alter: ab 6 Jahren

- Zuerst kommt der Fühler: Zehn Perlen auf den Draht aufziehen und bis zur Mitte schieben, das Drahtende durch alle Perlen – mit Ausnahme der zuletzt aufgeschobenen – zurückziehen (s. Abbildung).
- Auf das jetzt längere Drahtstück eine Perle als Kopfanfang auffädeln.
- Für den zweiten Fühler wiederum zehn Perlen darauf ziehen; auch hier das Drahtende durch alle Perlen – mit Ausnahme der zuletzt aufgeschobenen – zurückführen.
- Für den Körper die ersten drei Perlen auf das eine Drahtstück auffädeln, die Per-

len in die richtige Position schieben und den zweiten Draht danach von der anderen Seite durch diese Perlenreihe ziehen. Beide Drahtenden fest anziehen.
- Die folgenden Reihen genauso anfertigen, dabei die Länge der Perlenreihen der Körperform anpassen.
- An den entsprechenden Stellen mit den Drahtenden die Beine mit je zwölf Perlen erstellen und das Drahtende wie oben bei den Fühlern beschrieben zurückführen.
- Den Hinterleib etwas rund biegen, die Beine nach unten drücken.

Um eine Kolonne zu bilden, mehrere Blattschneiderameisen anfertigen und als Dekoration auf Blätter setzen.

KARTOFFEL, MAIS UND SCHOKOLADE

„Die Erde verteidigen heißt das Leben verteidigen! Unsere Vorfahren haben immer nach diesem Grundsatz gehandelt und uns das Land, die Berge und die Flüsse bewahrt, von denen wir heute noch leben. Nie haben sie chemische Düngemittel und Pestizide benutzt. Dann gab es einmal eine Zeit, in der technische Berater uns den Gebrauch solcher Mittel empfohlen haben, um mehr ernten zu können und Krankheiten an den Pflanzen zu bekämpfen. Aber wir haben ihnen niemals vertraut und an unserer traditionellen Anbauweise festgehalten."

UICIRI, Vereinigung der Kleinbauern in Oaxaca, Mexiko

Die Ureinwohner Lateinamerikas haben eine ganze Vielzahl von Nutzpflanzen kultiviert, ohne die unser tägliches Leben nicht vorstellbar wäre. Noch vor wenigen Jahrzehnten standen in Deutschland fast täglich Kartoffeln auf dem Speiseplan, eine Frucht, die die Indianer der nördlichen Anden in einer Vielzahl von ca. 200 Sorten gezüchtet hatten. Wie viele Hungersnöte sind in Europa allein durch die Kartoffel abgewandt worden?

Kartoffeln stammen nicht aus Deutschland, ebenso wenig die Tomaten aus Italien, die Schokolade aus der Schweiz oder Paprika aus Ungarn. Die Liste der Nutzpflanzen, die in Lateinamerika lange vor Kolumbus kultiviert wurden, ist lang: Kartoffeln, Tomaten, Kakao, Paprika, Mais, Garten- und Feuerbohnen, Chili, Ananas, Kürbis, Avocado, Vanille, Kaktusfeigen, Agaven, Amaranth, Quinoa, Erdnüsse, Tabak... Darüber hinaus kannten die Indianer viele Nutzpflanzen, die auch in den tropischen Gebieten der ‚Alten Welt' vorkommen, wie etwa Baumwolle, Flaschenkürbis und Kautschuk.

Ohne die Jahrtausende währenden Bemühungen der Ureinwohner Lateinamerikas, mit denen sie Nutzpflanzen kultivierten, gäbe es weder Schokolade noch Bratkartoffeln, weder Vanillepudding noch Tomatensauce, weder Popcorn noch Erdnussbutter.

Avocado-Pflanze

Avocados gibt es in jedem Lebensmittelladen zu kaufen. Es sind sehr nahrhafte Früchte, die sich hervorragend als Brotaufstrich oder Hauptzutat für einen Dip eignen. Besonders gut schmeckt die Avocado, wenn sie richtig reif, d. h. wirklich weich ist. Eine Avocado-Pflanze selbst zu ziehen ist nicht schwer, braucht aber etwas Geduld.

Material: 1 Avocado-Kern, 1 kleines Glas oder Tässchen, Wasser, Blumentopf, Erde
Alter: ab 3 Jahren

Den Avocado-Kern waschen und von allen Fruchtfleischresten säubern.
Ein Glas oder Tässchen suchen, in das der Kern gerade eben hinein passt und den Kern mit der dünneren Seite nach oben (wie ein Ei) hineinstellen.
Das Gefäß mit so viel Wasser auffüllen, dass das obere Viertel des Kerns nicht mit Wasser bedeckt ist. An einen ruhigen Ort stellen und alle paar Tage das Wasser wechseln.

Nach einigen Wochen bricht der Kern auf und kann eingepflanzt werden:
Den Kern so in die Erde stecken, dass wiederum das obere Viertel nicht mit Erde bedeckt ist. Regelmäßig gießen.
Im Sommer kann die Avocadopflanze in den Garten oder auf den Balkon gestellt werden. Im Winter muss sie in der Wohnung bleiben, da sie keinen Frost verträgt.

Nachos mit Guacamole

Guacamole ist der berühmte Avocado-Dip, der besonders gerne zu Nachos gegessen wird. Nachos sind Maischips, die heute auch hier in jedem besseren Lebensmittelgeschäft zu bekommen sind.

Zutaten:
1 Tomate, 2 große, reife Avocados, mehrere Knoblauchzehen (je nach Geschmack), 1 kleine Zwiebel, 1 EL Zitronensaft, 1 TL Salz, Mixer, evtl. 1 hart gekochtes Ei und 1 TL Koriander-Pulver, 2 Tüten Nachos

Die Tomate kurz in kochendes Wasser legen, herausnehmen und die Haut abziehen. Die Avocados schälen, Knoblauch und Zwiebel klein hacken und alles mit Zitronensaft und Salz im Mixer zu einem gleichmäßigen Dip verarbeiten.
Je nach Geschmack noch das zerkleinerte hart gekochte Ei und das Koriander-Pulver hinzufügen. Die Guacamole sofort mit den Nachos servieren, denn der Dip nimmt bald eine braune Farbe an und sieht dann nicht mehr besonders ansehnlich aus.

Avocado-Orangen-Suppe

Zutaten:

2 große, reife Avocados, 1 Tasse frischer Orangensaft, 1 Tasse Natur-Joghurt, 1/4 Teelöffel Salz, 1/2 TL Tabasco (kann weggelassen werden), 1 Orange (geschält in dünne Scheiben geschnitten)

Die Avocados und den frischen Orangensaft im Mixer vermischen.
Joghurt, Salz und Tabasco hinzufügen und alles mixen, bis die Suppe cremig ist.
Eine Stunde in den Kühlschrank stellen.
Zum Essen mit den Orangenscheiben garnieren.

Avocado-Suppe

Zutaten:

2 große, reife Avocado, 2 Eigelb, 3/4 l Brühe, Salz, 1/4 Tasse Crème fraîche

Die Avocados mit dem Eigelb und etwas Brühe pürieren.
Eine Prise Salz dazu geben und mit der Crème fraîche verrühren.
Die Avocadocreme in die heiße Brühe rühren und servieren.

Ponte Duro

Zutaten:

2 Tassen getrocknete Maiskörner,
150 g brauner Rohrzucker, 1/8 l Wasser

Die Maiskörner in einer Pfanne ohne Fett rösten, bis sie goldbraun sind.
Den Rohrzucker im Wasser zu einem Sirup einkochen, die Maiskörner hinein schütten und unter Umrühren so lange erwärmen, bis die Körner von einer Zuckerschicht umgeben sind. Beim Abkühlen immer wieder umrühren, da die Körner sonst aneinander kleben.

Alternativ können auch statt des Zuckersirups Honig oder Ahornsirup und statt der Maiskörner Mandeln verwendet werden.

Maiskuchen

Zutaten:

6 frische Maiskolben (Mais aus der Dose), 1 Tasse Milch, 250 g Butter, 8 Eier, 250 g Zucker (Honig), 1 Esslöffel Paniermehl

Die Maiskolben waschen und entkernen.
Die Maiskörner mit der Milch im Mixer pürieren.
Die Butter schaumig rühren, die Eier trennen und nach und nach 8 Eigelb und den Zucker hinzufügen.
Die Maismasse hineinrühren.
Das Eiweiß steif schlagen und unter den Teig heben.
Die Backform mit Butter einfetten und mit Paniermehl ausstreuen. Den Teig in die Form geben und bei 170 Grad ca. 45 Minuten durchbacken, bis der Kuchen goldbraun gefärbt ist.

Maispudding

Zutaten: 2 Tassen Maiskörner, 3 Tassen Milchpulver, 1/2 Tasse Zucker, 1 Zimtstange, Wasser, 1/2 Tasse Rosinen

Die Maiskörner mit dem Mixer pürieren.
Milchpulver, Zucker und die Zimtstange mit etwas Wasser langsam erwärmen und kochen, bis die Masse cremig wird.
Den pürierten Mais und die Rosinen dazu geben; ständig rühren, bis die Creme dickflüssig ist. Dann in einer kalt ausgespülten Glasschüssel kalt stellen.

Sopa de Flor de Calabaza

Zucchini werden bei uns mittlerweile in fast jedem Gemüsegarten angebaut. Da diese Pflanzen reichlich blühen – und so viele Zucchini oft gar nicht auf einmal verzehrt werden können! – ist die Zubereitung von Zucchiniblüten eine gute Möglichkeit die „Zucchini-Schwemme" im Rahmen zu halten! Zucchiniblüten werden inzwischen aber auch öfters im Frühjahr bis Sommer auf dem Markt oder in gut sortierten Gemüseläden angeboten.

Zutaten:

1 frischer Maiskolben (1 kleine Dose Mais), Wasser, Salz, 125 g Zucchiniblüten, 1/4 klein gehackte Zwiebel, 15 g Butter, 1 grüne Paprikaschote, 125 g Zucchini, Zitronenmelisse, 1/2 l Brühe, 1/4 Tasse Crème fraîche

Den Maiskolben in Salzwasser weich kochen.
Die Zucchiniblüten von den grünen Blättchen und dem Samenständer befreien, waschen, mit Küchenpapier trocken tupfen und mit der klein gehackten Zwiebel ca. 5 Minuten in etwas Butter anbraten.
Paprika und Zucchini waschen, in Streifen bzw. Würfel schneiden und ebenfalls zusammen in Butter anbraten.
Die Zucchiniblüten dazugeben. Zitronenmelisse und Maiskörner mit dem Kochwasser und zusätzlich 5 Tassen Brühe dazu schütten. 5 Minuten kochen lassen und mit Salz abschmecken.
Crème fraîche mit etwas Suppe in einer Schüssel auflösen und schließlich mit dem Rest der Brühe hinzufügen.

Leche asada – gebackene Milch

Zutaten:

1 l Milch, 4 Eier, Mark einer 1/2 Vanillestange, abgeriebene Zitronenschale von 1 Zitrone (ungespritzt!), 1 Tasse Zucker

Milch, Eier, Vanille und die abgeriebene Zitronenschale in einer Schüssel verquirlen. In einer Auflaufform den Zucker schmelzen, das Milchgemisch dazu gießen und ca. 30 Minuten im vorgeheizten Backofen bei 220 Grad durchbacken.
Ist die Masse fest und leicht gebräunt, wird sie warm oder kalt gegessen.

Eis am Stiel

Zutaten:

2 Tassen Mangosaft, 6 EL Naturjoghurt

Den Mangosaft gut mit dem Joghurt vermischen und in Eisformen füllen.
Über Nacht in den Eisschrank stellen.

Agua Fresca – kühles Wasser

Zutaten:

3 reife Bananen (2 Tassen Beerenobst, 2 reife Mangos oder Papayas), 9 Tassen Wasser, Zucker oder Honig

Das Obst mit neun Tassen Wasser pürieren, nach Geschmack süßen und gekühlt servieren.

Alle mögen Schokolade

Der Hauptbestandteil der Schokolade ist das Pulver zerstoßener Kakaobohnen. Der Kakaobaum stammt ursprünglich aus Mittelamerika. Bis vor 150 Jahren wurde der Kakao lediglich getrunken. In Mittelamerika war es, vor der Ankunft der Europäer, ein Getränk der Adeligen und wurde mit Wasser, Vanille und Chilipfeffer zubereitet. 1528 nahm der spanische Eroberer Cortés ein paar Säcke Kakaobohnen mit nach Europa. Am spanischen Hof wurde das Getränk erstmalig mit Zucker gesüßt. Lange Zeit blieb der Kakao ein Getränk, das sich nur Reiche leisten konnten. Vor 150 Jahren wurden erstmals Kakaopulver, Butter und Zucker vermischt und die Schokolade als neues Genussmittel war geboren. Sie trat einen Siegeszug um die ganze Welt an und ist aus dem Leben vieler Menschen nicht mehr wegzudenken.

Doch bis die Schokolade schön verpackt in hunderten von Varianten im Regal des Supermarktes landet, hat sie schon einen weiten Weg hinter sich gebracht. Die Früchte des Kakaobaumes, die Kakaoschoten, wachsen bis zu 20 cm lang. Kaum ein Kind in Europa hat sie jemals zu Gesicht bekommen. Die Schote wird nach der Ernte geteilt und das Fruchtfleisch mitsamt der Bohnen heraus gekratzt. Die Kakaobohnen, die Samen des Baumes, lässt man anschließend in der Sonne trocknen. Danach sehen sie immer noch nicht wie Kakao oder Schokolade aus und sie riechen auch nicht danach. Nach dem Transport nach Europa werden die getrockneten Bohnen in Heißluft geröstet und zermahlen. Dann kommen nach und nach die anderen Zutaten wie Sahnepulver, Butter, Zucker und Gewürze dazu.

Die Schokolade, die zum alltäglichen Leben für uns gehört und die sich die meisten Kinder gar nicht wegdenken können, ist für viele Menschen in den armen Ländern des Südens überlebenswichtig: Nicht als Genussmittel, sondern die Kakaobohnen als Rohstoff, die sie in die reichen Länder des Nordens exportieren. Die Preise auf dem Weltmarkt sind niedrig und sinken kontinuierlich. Die Kleinbauern, die den Kakao für uns produzieren, tun dies für einen Hungerlohn. Sie selbst werden kaum die Gelegenheit haben, ihren Kindern ab und zu eine Tafel Schokolade zu schenken.

Chocolatl – der ursprüngliche Kakao

Ein ganz besonderes, sehr prestigeträchtiges Getränk war für die Azteken Chocolatl. Nur Adelige und sehr vermögende Menschen konnten es sich leisten Chocolatl zu trinken. Die dafür benötigten Kakaobohnen waren so wertvoll, dass die Azteken sie auch als Geld benutzten.

Zutaten:
3 TL nicht gesüßtes Kakao-Pulver, 1 Zimtstange, 1 Vanilleschote, 1 Prise Chili-Pulver, $1/2$ l Wasser

Das Kakaopulver in etwas Wasser auflösen und zusammen mit den restlichen Zutaten aufkochen. Heiß oder kalt trinken.
Hinweis: Je nach Geschmack kann der Kakao auch etwas gesüßt werden.

Lied von der Schokolade

trad., dt. Text: Pit Budde

Scho - ko - la - de, Scho - ko - la - de, al - le mö - gen Scho - ko - la - de,

Scho - ko - la - de, Scho - ko - la - de, Kin - der lie - ben Scho - ko - la - de.

eins und zwei drei und vier

SCHO KO

fünf und sechs sieben und acht neun und zehn

LA DE HEY

Eins und zwei	Scho	Uno y dos	Cho
Drei und vier	ko	Tres y cuatro	co
Fünf und sechs	la	Cinco y seis	la
Sieben und acht	de	Siete y ocho	te
Neun und zehn	Hey	Nueve y diez	Hey

Schokolade, Schokolade,   Chocolate, chocolate,
alle mögen Schokolade.   todos quieren chocolate...
Schokolade, Schokolade,   Chocolate, chocolate,
Kinder lieben Schokolade.   tomaremos chocolate.

Um e dois	Cho
Três e quatro	co
Cinco e seis	la
Sete e oito	te
Nove e dez	Hey

Chocolate, chocolate,
todos gostam chocolate.
Chocolate, chocolate,
todos gostam chocolate.

Dieses Lied lässt sich sehr gut in zwei Gruppen singen.
Die erste Gruppe ruft die Zahlen, die zweite antwortet mit den Silben Scho-ko-la-de-Hey .
Dann singt die erste Gruppe die erste Textzeile vor, die zweite antwortet mit der zweiten
Textzeile.

ANHANG
REGISTER

LITERATUR

Charlotte Heth: Native American Dance. National Museum Of The American Indian, New York 1992.

Beate Engelbrecht, Ulrike Keyser: Mexikanisch kochen. Büchergilde Gutenberg, Frankfurt am Main 1986.

Nick Caistor: The Rainstick Pack. The Ivy Press Ltd., Lewes 1997.

Dr. Hays A. Steilberg, Thomas Flemming: Amerika. Chronik Verlag, Gütersloh/München 1998.

Dietmar H. Melzer: Regenwald Märchen. Verlag Inge Melzer, Friedrichshafen 2000.

Tiago de Oliveira Pinto (Hrsg.): Weltmusik Brasilien. Schott, Mainz 1986.

Walter Bruno Berg: Lateinamerika. Wissenschaftliche Buchgesellschaft, Darmstadt 1995.

Antonio Paredes-Candia: Juegos Tradicionales Bolivianos. Ediciones ISLA, Las Paz 1998.

Valerie Menard: The Latino Holiday Handbook. Marlowe & Company, New York 2000.

Francis Mazière: Parana. Kosmos, Stuttgart 1957.

Olsen Sheehy: South America, Mexico, Central America, and the Caribbean. Garland Publishing, New York 1998.

Theresa Greenaway: Regenwald. Gerstenberg Verlag, Hildesheim 1994.

Pierre Grimal (Hrsg.): Mythen der Völker 3. Fischer, Frankfurt am Main 1967.

José-Luis Orozco: De Colores. Puffin Books, New York 1994.

Michael D. Coe (Hrsg.): Amerika vor Kolumbus. Bechtermünz Verlag, München 1986.

Elisabeth Carmichael, Chloë Sayer: The Skeleton At The Feast. University of Texas, Austin 1991.

Antonio Paredes-Candia: Cuentos bolivianos para niños. Popular La Paz 1995.

Gustaaf Verwijer: Mekranoti. Prestel, New York 1996.

Elizabeth Baquendano: Azteken, Inka, Maya. Gerstenberg Verlag, Hildesheim 1994.

Barnabas und Anabel Kindersley: Das große Fest. Dorling Kindersley Verlag, München 2000.

Sarah Vásquez: Cinco de Mayo. Steck-Vaughn, Austin 1999.

George Ancona: The Piñata Maker. Harcourt Brace & Company, San Diego 1994.

Lynda Jones: Kids around the world Celebrate! John Wiley & Sons, New York 2000.

Ferdinand Anders, Maarten Jansen: Schrift und Buch im alten Mexiko. ADEVA, Graz 1988.

DIE AUTORINNEN

Pit Budde, Musiker; Autor; Journalist; tourte 8 Jahre als Singer- Songwriter mit der Rock-Gruppe COCHISE durch Deutschland; produziert CDs mit ethnischen Musiken, Radiosendungen mit Musik aus Afrika; hat als Interpret, Musiker und Produzent mehr als 40 Tonträger veröffentlicht; führt Aktionen interkulturellen Lernens in Schulen und Kindergärten durch.

Josephine Kronfli, Diplom Biologin; Autorin; geboren in Addis Abeba, Äthiopien; lebt seit 1982 in Deutschland; koordinierte das Eine-Welt-Forum Münster; freie Mitarbeiterin im Westfälischen Museum für Naturkunde in Münster; gründete gemeinsam mit Pit Budde die Gruppe ‚Karibuni‘, die erstmalig das Konzept einer ‚Weltmusik für Kinder‘ umsetzte.

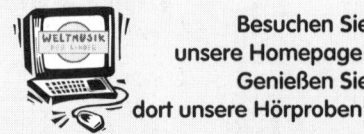